Fondue
Nichts für Spießer!

HEEL Verlag GmbH
Gut Pottscheidt
53639 Königswinter
Tel.: 0 22 23/92 30-0
Fax: 0 22 23/92 30-13
E-Mail: info@heel-verlag.de
www.heel-verlag.de

© der deutschen Ausgabe:
2013 HEEL Verlag GmbH

Text © 2007 Ilana Simon
Photographs © 2007 Robert Rose Inc.
Photography: Mark Shapiro and Colin Erricson
Food Styling: Kate Bush
Prop Styling: Charlene Erricson

Originaltitel: *The Fondue Bible*
Published by Robert Rose Inc.
120 Eglinton Avenue East, Suite 800
Toronto, Ontario
Canada M4P 1E2
www.robertrose.ca

Deutsche Ausgabe:
Übersetzung: Dr. Sabine Jansen
Satz: Noch & Noch GbR, Menden
Lektorat: Katrin Beisel
Coverdesign: Olaf Schumacher, Grafikbüro Schumacher, Königswinter

Printed in Czech Republic

ISBN 978-3-86852-457-4

Inhalt

Käsefondues

Ölfondues

Fondues mit Brühe

Dessert-Fondues

Dips und Saucen

Käsefondues

Zutaten

Es gibt die unterschiedlichsten Käsefondues, die entweder aus einer einzigen oder mehreren, in der Regel kräftigen, Käsesorten zubereitet werden. Außerdem sorgen flüssige Zutaten wie trockener Weißwein, Bier, Cidre, Obstbrände (zum Beispiel Kirschwasser) und Zitronen- oder Limettensaft für Geschmack und Schärfe.

In vielen der folgenden Rezepte findet der berühmte Schweizer Käse (wie Gruyère und Emmentaler) Verwendung, mit anderen Käsesorten wie zum Beispiel Asiago, Brie, Cheddar, Frischkäse, Fontina, Ziegenkäse, Monterey Jack und Parmesan lassen sich ebenfalls wunderbare Fondues zubereiten.

Viele Fondues werden mit Alkohol zubereitet, sodass der Siedepunkt des Fondues niedriger ist und der Käse nicht so schnell verklumpt. Abgesehen davon sollte ein Käsefondue niemals zum Kochen gebracht werden. Falls Sie die doppelte Menge eines Käsefondues zubereiten möchten, sollten Sie beachten, dass sich dadurch die Oberfläche für den verdampfenden Alkohol verringert, geben Sie also weniger als die doppelte Menge an Alkohol hinzu.

Vorbereitung

Wein, Bier oder andere Flüssigkeiten sollten bei der Zubereitung von Käsefondues immer Raumtemperatur haben. Lassen Sie sie bei mittlerer Hitze simmern, jedoch nicht kochen. Anschließend wird die Hitze reduziert und der Käse hinzugegeben.

Reiben Sie den Käse oder schneiden Sie ihn in kleine Würfel. Mischen Sie ihn mit Mehl, bevor Sie ihn in kleinen Portionen nach und nach in die simmernde Flüssigkeit geben. Rühren Sie den Käse jedes Mal mit einem Holzlöffel in Achterlinien ein, bis er geschmolzen ist.

Ein Käsefondue sollte niemals kochen, da es sonst sehr zähflüssig wird. Falls es Ihnen dennoch einmal passiert, reduzieren Sie die Hitze und rühren Sie so lange, bis die gewünschte Konsistenz erreicht ist.

Es ist möglich, dass sich der Käse und die Flüssigkeit während der Zubereitung oder des Verzehrs trennen. Lassen Sie in diesem Fall das Fondue bei mittlerer Hitze wieder warm werden und rühren Sie so lange, bis eine homogene Masse entsteht.

Falls das Fondue zu dickflüssig sein sollte, können Sie etwas warmen Wein, Bier oder Cidre hinzufügen. Erscheint Ihnen die Konsistenz hingegen zu dünn, geben Sie noch etwas Käse

(25 Gramm pro 50 Milliliter) oder Speisestärke hinzu (ein bis zwei Teelöffel Speisestärke in einem Esslöffel Wein oder Zitronensaft aufgelöst).

Sollte der Käse klumpig werden, fügen Sie einen Teelöffel Zitronen- oder Limettensaft hinzu und rühren Sie langsam, bis eine homogene Masse entsteht.

Im Fonduetopf

Servieren Sie Käsefondue immer in einem irdenen oder emaillierten Topf, damit es nicht anbrennt. Sobald Sie das Fondue nach der Zubereitung in den Fonduetopf geben, sollten Sie darauf achten, dass die Temperatur niedrig eingestellt ist und der Käse nur leicht Blasen wirft, andernfalls brennt die Masse an.

Rühren Sie das Fondue gelegentlich mit Ihrer Fonduegabel in Achterlinien um, während Sie Ihr Brot hineintunken, damit das Fondue cremig bleibt. Empfehlen Sie Ihren Gästen, das Gleiche zu tun. So behält Ihr Fondue die richtige Konsistenz.

Schaben Sie auch gelegentlich über den Topfboden, damit der Käse nicht anbrennt. Lassen Sie das Fondue nach dem Essen erkalten und schaben Sie den knusprigen Käserest zusammen. Geben Sie diese Delikatesse Ihrem Ehrengast oder verteilen Sie sie einfach unter den Gästen.

Das Servieren eines Käsefondues

Das Brot, das Sie zu einem Käsefondue reichen, sollte nicht zu frisch, aber auch nicht altbacken sein. Planen Sie etwa einen Laib für vier Gäste ein und schneiden Sie das Brot erst vor dem Servieren in Scheiben.

Mit Baguette oder Weißbrot schmeckt Käsefondue besonders gut, aber auch Körner-, Sauerteig- oder Eierbrot, Pumpernickel oder Roggenbrotsorten, Pita-Brot, Grissini, Focaccia, Bagels oder Muffins sind geeignete Leckerbissen. Schneiden Sie das Brot vor dem Servieren in etwa zweieinhalb Zentimeter große Würfel oder Dreiecke, sodass an jedem Stück noch etwas Kruste haftet. Spießen Sie die Fonduegabeln durch die Kruste, damit das Brot nicht von der Gabel rutscht.

Käsefondues schmecken auch sehr gut mit gedämpftem Gemüse – besonders mit Spargel, Brokkoli, Blumenkohl und Pilzen – sowie mit frischen Kirschtomaten, Zucchini, roter Paprika oder Sellerie. Außerdem eignen sich auch Tortilla-Chips, Salamistücke, Kräcker und Bretzeln hervorragend zum Tunken.

Vorbereitung

Gehen Sie entsprechend der Anweisungen in Schritt 1 vor. Stellen Sie die Käsemischung bis zum Gebrauch in den Kühlschrank.

Servieren mit …

… gewürfeltem, knusprigem Baguette oder Weißbrot.

Dies ist das Originalrezept für Schweizer Käsefondue, auf das viele wunderbare Variationen zurückgehen. Verwenden Sie unbedingt Schweizer Emmentaler und Gruyère, da diese Käsesorten am besten schmecken.

Tipp

Frisch geriebene Muskatnuss verfeinert das Aroma. Verwenden Sie ganze Muskatnüsse und reiben Sie sie fein.

Rühren Sie den Käse im Fonduetopf gelegentlich in Achterlinien um, damit er nicht anbrennt.

Klassisches Schweizer Käsefondue

250 g Emmentaler, gerieben

250 g Gruyère, gerieben

1 Knoblauchzehe, halbiert

250 ml trockener Weißwein

1 EL Zitronensaft, frisch gepresst

3 EL Kirschwasser

1 EL Speisestärke

1 Prise weißer Pfeffer, frisch gemahlen

1 Prise Muskatnuss, gerieben

1. Den Emmentaler und den Gruyère in eine Schüssel reiben, gut vermischen und beiseitestellen.

2. Eine große Pfanne mit den Schnittflächen der Knoblauchzehe einreiben, den Knoblauch anschließend wegwerfen. Den Wein und den Zitronensaft in die Pfanne geben und bei mittlerer Hitze simmern lassen. Anschließend die Hitze reduzieren.

3. Die Käsemischung in kleinen Portionen nach und nach dazugeben und dabei jedes Mal mit einem Holzlöffel in Achterlinien rühren, bis der Käse geschmolzen ist.

4. In einer kleinen Schüssel das Kirschwasser und die Speisestärke verrühren und in die Käsemischung geben. Mit Pfeffer und Muskatnuss würzen und weiter rühren, bis das Ganze eine geschmeidige Konsistenz erhält. In den Fonduetopf umfüllen und sofort servieren.

Gruyère-Fondue
mit gerösteten Mandeln

175 g Emmentaler, gerieben

175 g Gruyère, gerieben

2 TL Mehl

175 ml trockener Weißwein

1 EL Zitronensaft, frisch gepresst

30 g Mandeln, geröstet (siehe Tipp) und gehackt

1. Den Emmentaler und den Gruyère reiben und zusammen mit dem Mehl in eine Schüssel geben. Gut vermischen, bis der Käse vollständig bedeckt ist, und beiseitestellen.

2. Den Wein und den Zitronensaft in eine große Pfanne geben und bei mittlerer Hitze simmern lassen. Anschließend die Hitze reduzieren.

3. Die Käsemischung in kleinen Portionen nach und nach dazugeben und dabei jedes Mal mit einem Holzlöffel in Achterlinien rühren, bis der Käse geschmolzen ist. In den Fonduetopf umfüllen und die Mandeln unterrühren. Sofort servieren.

Vorbereitung

Gehen Sie entsprechend der Anweisungen in Schritt 1 vor. Stellen Sie die Käsemischung bis zum Gebrauch in den Kühlschrank.

Rösten und hacken Sie die Mandeln.

Servieren mit …

… knusprigem, in Würfel geschnittenem Baguette, Zimtbrot oder Rosinenbrötchen, Äpfeln, gedämpftem Gemüse.

Tipp

Um die Mandeln zu rösten, legen Sie sie auf ein mit Backpapier ausgelegtes Blech und geben Sie dieses bei 180 °C in den Backofen. Rösten Sie die Mandeln etwa fünf Minuten bzw. bis sie goldbraun (nicht dunkelbraun) sind und wenden Sie sie in dieser Zeit einmal. Alternativ können Sie die Mandeln auch unter gelegentlichem Wenden in einer beschichteten Pfanne etwa drei bis fünf Minuten rösten.

Emmentaler-Fondue mit karamellisierten Schalotten

175 g Emmentaler, gerieben

175 g Gruyère, gerieben

1 EL Mehl

1 EL Butter

2 Schalotten, in feine Ringe geschnitten

1 ½ TL Zucker

½ TL Worcestershire-Sauce

2 EL trockener Sherry

250 ml trockener Weißwein

Vorbereitung

Gehen Sie entsprechend der Anweisungen in Schritt 1 vor. Stellen Sie die Käsemischung bis zum Gebrauch in den Kühlschrank.

Schneiden Sie die Schalotten in feine Ringe.

Servieren mit …

… in Würfel geschnittenem Baguette oder Fergasa-Brot, Lavash-Brot (siehe Tipp), gekochten Shrimps, blanchiertem Gemüse.

1. Den Emmentaler und den Gruyère reiben und zusammen mit dem Mehl in eine Schüssel geben. Gut vermischen, bis der Käse vollständig bedeckt ist, und beiseitestellen.

2. Die Butter in einer großen Pfanne bei mittlerer Hitze zerlassen. Die Schalotten hinzufügen und etwa zwei Minuten dünsten, bis sie gold-braun werden, und mit dem Zucker bestreuen. Die Hitze reduzieren und weitere sechs bis acht Minuten dünsten, bis die Schalotten zu karamellisieren beginnen. Die Worcestershire-Sauce und den Sherry hinzugeben. Etwa eine Minute leise köcheln lassen, bis die Flüssigkeit verdampft ist, und vom Herd nehmen.

3. Den Wein in einem großen Topf erhitzen, die Schalottenmischung unterrühren und die Hitze reduzieren.

4. Die Käsemischung in kleinen Portionen nach und nach dazugeben und dabei jedes Mal mit einem Holzlöffel in Achterlinien rühren, bis der Käse geschmolzen ist. In den Fonduetopf umfüllen und sofort servieren.

Tipp

Lavash-Brot ist ein knuspriges Fladenbrot, das Sie z. B. in asiatischen Supermärkten bekommen. Es kann zwar nicht aufgespießt werden, ist aber ideal zum Dippen.

Emmentaler-Gruyère-Fondue mit geröstetem Knoblauch

175 g Emmentaler, gerieben

175 g Gruyère, gerieben

2 EL Kirschwasser

1 EL Speisestärke

250 ml trockener Weißwein

½ TL Muskatnuss, gerieben

2 Knoblauchzehen, geröstet und fein gehackt

1. Den Emmentaler und den Gruyère in eine Schüssel reiben, vermischen und beiseitestellen.

2. In einer kleinen Schüssel das Kirschwasser und die Speisestärke verrühren und beiseitestellen.

3. In einer großen Pfanne 175 Milliliter Weißwein erhitzen und simmern lassen. Anschließend die Hitze reduzieren. Die Käsemischung in kleinen Portionen nach und nach dazugeben und dabei jedes Mal mit einem Holzlöffel in Achterlinien rühren, bis der Käse fast geschmolzen ist. Die geriebene Muskatnuss und das Kirschwasser hinzufügen und rühren, bis der Käse vollständig geschmolzen ist.

4. So viel des restlichen Weißweins unterrühren, bis die Mischung eine cremige Konsistenz erhält. In den Fonduetopf umfüllen und den gerösteten Knoblauch unterrühren. Sofort servieren.

Vorbereitung

Gehen Sie entsprechend der Anweisungen in Schritt 1 vor. Stellen Sie die Käsemischung bis zum Gebrauch in den Kühlschrank.

Rösten Sie den Knoblauch (siehe Tipp).

Servieren mit …

… in Würfel geschnittenem Baguette, gekochten Frühkartoffeln, Roggenbrotwürfeln, Grissini oder Kräckern.

Tipp

Um Knoblauch zu rösten, zerteilen Sie eine Knolle in die einzelnen Zehen, legen die ungeschälten Zehen (so viele Sie mögen) auf ein mit Backpapier ausgelegtes Blech und besprenkeln sie mit Olivenöl. Rösten Sie die Knoblauchzehen etwa 25 Minuten bei 190 °C im Backofen. Wenden Sie sie nach 15 Minuten Garzeit. Die Zehen sollten eine weiche Konsistenz haben. Nehmen Sie das Blech aus dem Ofen und lassen Sie die Zehen abkühlen, bevor Sie sie schälen und fein hacken. Sollten die Zehen zu weich sein, können Sie sie auch einfach aus der Schale herauspressen.

Edamer-Fondue mit Estragon

250 g Emmentaler, gerieben

125 g Edamer, gerieben

1 EL Speisestärke

1 Knoblauchzehe, halbiert

175 ml Weißwein

2 TL Zitronensaft, frisch gepresst

1 EL körniger Senf oder Dijon-Senf

1 EL Estragon, klein geschnitten
(oder 1 TL getrockneter)

Vorbereitung

Gehen Sie entsprechend der Anweisungen in Schritt 1 vor. Stellen Sie die Käsemischung bis zum Gebrauch in den Kühlschrank.

Schneiden Sie den Estragon klein.

Servieren mit …

… in Würfel geschnittenem Baguette oder Zopfbrot, gekochten Frühkartoffeln, Grissini oder Kräckern, Gewürzgurken.

1. Den Emmentaler und den Edamer reiben und zusammen mit der Speisestärke in eine Schüssel geben. Gut vermischen, bis der Käse vollständig bedeckt ist, und beiseitestellen.

2. Eine große Pfanne mit den Schnittflächen der Knoblauchzehe einreiben, den Knoblauch anschließend wegwerfen. Den Wein und den Zitronensaft in die Pfanne geben und über mittlerer Hitze simmern lassen. Die Hitze anschließend reduzieren.

3. Den Senf in die Wein-Zitronensaft-Mischung einrühren. Die Käsemischung in kleinen Portionen nach und nach dazugeben und dabei jedes Mal mit einem Holzlöffel in Achterlinien einrühren, bis der Käse geschmolzen ist.

4. Den Estragon hinzufügen und umrühren. In den Fonduetopf umfüllen und sofort servieren.

Edamer harmoniert wunderbar mit Estragon und körnigem Senf.

Tipp

Zu vielen Käsefondues wird üblicherweise trockener Rotwein gereicht. Servieren Sie einen Cabernet Sauvignon zu diesem Fondue, und Sie werden eine fantastische Mischung von Aromen genießen.

Schweizer Käsefondue
mit schwarzen Oliven

4 Portionen
als Hauptgericht bzw.
6 Portionen als Vorspeise

250 g Emmentaler, gerieben

250 g Gruyère, gerieben

1 ½ EL Mehl

1 Knoblauchzehe, halbiert

300 ml trockener Weißwein

3 EL schwarze Oliven, gehackt

Vorbereitung

Gehen Sie entsprechend der Anweisungen in Schritt 1 vor. Stellen Sie die Käsemischung bis zum Gebrauch in den Kühlschrank.

Hacken Sie die Oliven klein.

1. Den Emmentaler und den Gruyère reiben und zusammen mit dem Mehl in eine Schüssel geben. Gut vermischen, bis der Käse vollständig bedeckt ist, und beiseitestellen.

2. Einen großen Topf mit den Schnittflächen der Knoblauchzehe einreiben, den Knoblauch anschließend wegwerfen. Den Wein in den Topf geben und bei mittlerer Hitze simmern lassen. Die Hitze anschließend reduzieren.

3. Die Käsemischung in kleinen Portionen nach und nach dazugeben und dabei jedes Mal mit einem Holzlöffel in Achterlinien rühren, bis der Käse geschmolzen ist. Den Topf vom Herd nehmen und die Oliven unterrühren. In den Fonduetopf umfüllen und sofort servieren.

Servieren mit …

… in Keile geschnittenem Focaccia, in Würfel geschnittenem Baguette oder Sauerteigbrot, gekochten Frühkartoffeln, blanchierten roten Peperoni, Zucchinischeiben, Pilzen, Brokkoliröschen.

Tipp

Wenn Sie ein intensiveres Olivenaroma bevorzugen, verwenden Sie einfach mehr Oliven als im Rezept vorgesehen.

Käsefondue mit Ahornsirup

4 Portionen

Vorbereitung

Gehen Sie entsprechend der Anweisungen in Schritt 1 vor. Stellen Sie die Käsemischung bis zum Gebrauch in den Kühlschrank.

Servieren mit …

… Spalten von Granny-Smith-Äpfeln, in Würfel geschnittenem Baguette und Sauerteigbrot.

Dieses sehr süße Fondue kann auch als Dessert serviert werden.

250 g Emmentaler, gerieben

125 g Gruyère, gerieben

1 EL Speisestärke

250 ml trockener Weißwein

125 ml Ahornsirup

60 ml Rye Whiskey (aus Roggen)

1. Den Emmentaler und den Gruyère reiben und zusammen mit der Speisestärke in eine Schüssel geben. Gut vermischen, bis der Käse vollständig bedeckt ist, und beiseitestellen.

2. Den Wein, den Ahornsirup und den Whisky in einen großen Topf geben und bei mittlerer Hitze simmern lassen. Anschließend die Hitze reduzieren.

3. Die Käsemischung in kleinen Portionen nach und nach dazugeben und dabei jedes Mal mit einem Holzlöffel in Achterlinien rühren, bis der Käse geschmolzen ist. In den Fonduetopf umfüllen und sofort servieren.

Fondue mit doppelt geräuchertem Jarlsberg und Mandeln

250 g Jarlsberg, gerieben

125 g Gruyère, gerieben

1 EL Mehl

1 Knoblauchzehe, halbiert

250 ml trockener Weißwein

2 TL Zitronensaft, frisch gepresst

½ TL Pimentón

30 g Mandeln, geräuchert und fein gehackt

1. Den Jarlsberg und den Gruyère reiben und zusammen mit dem Mehl in eine Schüssel geben. Gut vermischen, bis der Käse vollständig bedeckt ist, und beiseitestellen.

2. Einen großen Topf mit den Schnittflächen der Knoblauchzehe einreiben, den Knoblauch anschließend wegwerfen. Den Wein und den Zitronensaft in den Topf geben und bei mittlerer Hitze simmern lassen. Anschließend die Hitze reduzieren.

3. Die Käsemischung in kleinen Portionen nach und nach dazugeben und dabei jedes Mal mit einem Holzlöffel in Achterlinien rühren, bis der Käse geschmolzen ist.

4. Das Pimentón einrühren und die Mischung in den Fonduetopf geben. Mit den Mandeln garnieren und sofort servieren.

Vorbereitung

Gehen Sie entsprechend der Anweisungen in Schritt 1 vor. Stellen Sie die Käsemischung bis zum Gebrauch in den Kühlschrank.

Hacken Sie die Mandeln klein.

Servieren mit …

… in Würfel geschnittenem Baguette, dunklem Roggenbrot, Schwarzbrot oder Rosinenbrot.

Geräucherte Mandeln schmecken verführerisch, besonders in Kombination mit dem intensiven Aroma von Pimentón.

Tipp

Pimentón (Paprikapulver aus geräucherter Paprika) wird in Spanien hergestellt und ist in Feinkostgeschäften erhältlich. Das Pulver gibt es in den Geschmacksrichtungen süß, bitter-süß und scharf, abhängig davon, aus welcher Paprikasorte es hergestellt wurde. Verwenden Sie für dieses Rezept süßes oder scharfes Pulver.

Jarlsberg-Fondue mit Schnittlauch

250 g Jarlsberg, gerieben

125 g Emmentaler, gerieben

1 EL Speisestärke

1 Schalotte, fein gehackt

175 ml trockener Weißwein

2 TL Zitronensaft, frisch gepresst

1 Bund Schnittlauch, in Röllchen geschnitten

Vorbereitung

Gehen Sie entsprechend der Anweisungen in Schritt 1 vor. Stellen Sie die Käsemischung bis zum Gebrauch in den Kühlschrank.

Schneiden Sie den Schnittlauch in feine Röllchen.

1. Den Jarlsberg und den Emmentaler reiben und zusammen mit der Speisestärke in eine Schüssel geben. Gut vermischen, bis der Käse vollständig bedeckt ist, und beiseitestellen.

2. Die Schalotte, den Wein und den Zitronensaft in einen großen Topf geben und bei mittlerer Hitze simmern lassen. Anschließend die Hitze reduzieren.

3. Die Käsemischung in kleinen Portionen nach und nach dazugeben, dabei jedes Mal mit einem Holzlöffel in Achterlinien rühren, bis der Käse geschmolzen ist. In den Fonduetopf umfüllen und den Schnittlauch unterrühren. Sofort servieren.

Servieren mit …

… in Würfel geschnittenem Baguette, Grissini und Kräckern, Pellkartoffeln, blanchiertem Spargel.

Der nussige Jarlsberg hat ein kräftiges Aroma, das wunderbar mit Schnittlauch harmoniert.

Oka-Fondue

350 g Oka, gerieben (siehe Tipp)
1 EL Speisestärke
1 Knoblauchzehe, halbiert

175 ml trockener kanadischer Weißwein
2 TL Zitronensaft, frisch gepresst

1. Den Oka reiben und zusammen mit der Speisestärke in eine Schüssel geben. Gut vermischen, bis der Käse vollständig bedeckt ist, und beiseitestellen.

2. Einen großen Topf mit den Schnittflächen der Knoblauchzehe einreiben, den Knoblauch anschließend wegwerfen. Den Wein und den Zitronensaft in den Topf geben und bei mittlerer Hitze simmern lassen. Anschließend die Hitze reduzieren.

3. Die Käsemischung in kleinen Portionen nach und nach dazugeben und dabei jedes Mal mit einem Holzlöffel in Achterlinien rühren, bis der Käse geschmolzen ist. In den Fonduetopf umfüllen und sofort servieren.

Vorbereitung

Gehen Sie entsprechend der Anweisungen in Schritt 1 vor. Stellen Sie das Ganze bis zum Gebrauch in den Kühlschrank.

Servieren mit …

… Baguette- oder Weißbrotwürfeln, Zimtbrötchen oder Croissants, kleinen gekochten Kartoffeln, marinierten Pilzen, blanchierten Brokkoliröschen.

Oka ist ein halbfester Käse mit einem butterigen, jedoch ebenso fruchtigen und nussigen Aroma, der sich hervorragend zum Schmelzen eignet. Er wurde erstmals im 19. Jahrhundert von Trappistenmönchen in Quebec hergestellt und wird dort bis heute produziert. Glücklicherweise ist er nicht nur in Quebec erhältlich.

Tipp

Anstelle von Oka können Sie auch Vacherin oder Cantonnier verwenden.

Quebec Käsefondue

125 g Sir Laurier d'Arthabaska (siehe Tipp), entrindet und in Würfel geschnitten

125 g Gruyère, gerieben

60 g Emmentaler, gerieben

1 EL Speisestärke

1 Knoblauchzehe, halbiert

175 ml trockener Weißwein

50 ml Schlagsahne

2 TL Zitronensaft, frisch gepresst

Vorbereitung
Gehen Sie entsprechend der Anweisungen in Schritt 1 vor. Stellen Sie die Käsemischung bis zum Gebrauch in den Kühlschrank.

Servieren mit …
… in Würfel geschnittenem Baguette, Sauerteigbrot oder Focaccia, blanchierten Brokkoliröschen.

1. Den Sir Laurier d'Arthabaska entrinden und würfeln, den Gruyère und den Emmentaler reiben und zusammen mit der Speisestärke in eine Schüssel geben. Gut vermischen, bis der Käse vollständig bedeckt ist, und beiseitestellen.

2. Einen großen Topf mit den Schnittflächen der Knoblauchzehe einreiben, den Knoblauch anschließend wegwerfen. Den Wein in den Topf geben und bei mittlerer Hitze simmern lassen. Anschließend die Hitze reduzieren. Die Sahne unterrühren und die Mischung etwa drei Minuten simmern lassen, bis sie eine cremige Konsistenz erreicht hat.

3. Die Käsemischung in kleinen Portionen nach und nach dazugeben und dabei jedes Mal mit einem Holzlöffel in Achterlinien rühren, bis der Käse geschmolzen ist. Achten Sie darauf, dass der Käse vollständig geschmolzen ist, bevor Sie eine weitere Portion hinzugeben.

4. Den Zitronensaft unterrühren, das Ganze in den Fonduetopf füllen und sofort servieren.

Sir Laurier d'Arthabaska ist ein mild veredelter Käse mit einer gewaschenen Rinde, der in der Bois-Franc-Region von Quebec hergestellt wird und in Deutschland in Käsefachgeschäften erhältlich ist. Aufgrund seines ausgeprägten Geruchs und Geschmacks wurde er nach Sir Wilfrid Laurier, dem ersten französisch-kanadischen Premierminister Kanadas (Amtszeit: 1896–1911) benannt.

Tipp
Falls Sie keinen Sir Laurier d'Arthabaska finden können, verwenden Sie Brie oder Camembert (mit 60–75 % Fettgehalt in der Trockenmasse).

Käsefondue mit drei verschiedenen Käsesorten und Steinpilzen

15 g Steinpilze, getrocknet

125 ml trockener Weißwein

1 Knoblauchzehe, gehackt

60 g Pilze (Zuchtpilze oder Wildpilze), klein geschnitten

125 g Cantonnier (oder Gouda oder Oka), gewürfelt

125 g Emmentaler, gerieben

125 g Gruyère, gerieben

1. Die getrockneten Pilze in eine Tasse geben, mit etwa 250 Millilitern kochendem Wasser begießen und 15 Minuten einweichen lassen. Die Pilze ausdrücken und die Einweichflüssigkeit auffangen. Klein schneiden und beiseitestellen.

2. Den Wein in einem großen Topf bei mittlerer Hitze simmern lassen. Den Knoblauch, die frischen Pilze und das Einweichwasser hinzufügen. Die Hitze anschließend reduzieren und weitere drei Minuten simmern lassen.

3. Die vorbereitete Käsemischung in kleinen Portionen nach und nach in den Topf geben und dabei jedes Mal mit einem Holzlöffel in Achterlinien rühren, bis der Käse geschmolzen ist.

4. Die eingeweichten Pilze einrühren. Das Ganze in den Fonduetopf füllen und sofort servieren.

Vorbereitung

Würfeln Sie den Cantonnier, reiben Sie den Emmentaler und den Gruyère in eine Schüssel und stellen Sie das Ganze bis zum Gebrauch in den Kühlschrank.

Servieren mit …

… Baguette-, Weißbrot- oder Sauerteigbrotwürfeln.

Getrocknete Wildpilze besitzen ein intensiveres Aroma als frische Pilze. Experimentieren Sie mit verschiedenen Sorten getrockneter Pilze – mischen Sie zum Beispiel Steinpilze mit getrockneten Pfifferlingen und Morcheln.

Tipp

Um ein erdigeres Aroma zu erhalten, können Sie die getrockneten Pilze durch frische ersetzen.

Bedecken Sie die getrockneten Pilze mit kochendem Wasser und lassen Sie sie 15 Minuten einweichen. Drücken Sie die Pilze anschließend aus und bewahren Sie das Wasser auf.

Cantonnier ist eine kanadische Spezialität. Er ist cremig, besitzt eine weiche Textur, einen nussigen Geschmack und ein volles Aroma.

Käse-Speck-Fondue

Vorbereitung

Gehen Sie entsprechend der Anweisungen in Schritt 1 vor.

Reiben Sie den Gruyère und den Cheddar in eine Schüssel und stellen Sie diese bis zum Gebrauch in den Kühlschrank.

Servieren mit …

… englischen Muffins (in Keile geschnitten), gewürfelten Bagels oder Baguette.

6 Scheiben Speck

250 ml Sauerrahm

250 g Gruyère, gerieben

125 g alter Cheddar, gerieben

Salz und frisch gemahlener schwarzer Pfeffer nach Geschmack

1 Prise Muskatnuss, gerieben

½ TL Worcestershire-Sauce

¼ TL Senfpulver

1. Den Speck in einer Pfanne knusprig braten, auf einem Küchenpapier abtropfen und abkühlen lassen, anschließend zerkrümeln.

2. Den Sauerrahm in einem großen Topf langsam erhitzen.

3. Die vorbereitete Käsemischung in kleinen Portionen nach und nach dazugeben und dabei jedes Mal mit einem Holzlöffel in Achterlinien rühren, bis der Käse geschmolzen ist.

4. Die Worcestershire-Sauce und das Senfpulver unterrühren. Mit Salz, Pfeffer und Muskatnuss abschmecken. In den Fonduetopf füllen und den zerbröselten Speck unterrühren.

Tipp

Verwenden Sie wegen seines kräftigen Aromas immer alten Cheddar – also keinen milden oder mittelalten.

Lassen Sie den Speck abkühlen, bevor Sie ihn zerkrümeln.

Falls das Fondue zu zähflüssig wird, geben Sie ein bis zwei Esslöffel warme Milch hinzu und rühren diese unter, bevor Sie das Ganze in den Fonduetopf umfüllen.

Sowohl der Käse als auch der Speck sind recht salzig. Seien Sie daher sparsam beim Würzen.

Cheddar-Pimiento-Fondue

250 g alter Cheddar, gerieben

125 g Gruyère, gerieben

1 EL Mehl

125 ml Lager-Bier (Raumtemperatur)

2 TL Zitronensaft, frisch gepresst

½ TL Worcestershire-Sauce

½ TL Senfpulver

30 g Pimientos, abgetropft und klein geschnitten

1. Den Cheddar und den Gruyère reiben und zusammen mit dem Mehl in eine Schüssel geben. Gut vermischen, bis der Käse vollständig bedeckt ist, und beiseitestellen.

2. Das Bier und den Zitronensaft in einen großen Topf geben und bei mittlerer Hitze simmern lassen. Anschließend die Hitze reduzieren.

3. Die Käsemischung in kleinen Portionen nach und nach dazugeben und dabei jedes Mal mit einem Holzlöffel in Achterlinien rühren, bis der Käse geschmolzen ist.

4. Die Worcestershire-Sauce und das Senfpulver unterrühren, in den Fonduetopf umfüllen, die Pimientos hinzugeben und sofort servieren.

Vorbereitung

Gehen Sie entsprechend der Anweisungen in Schritt 1 vor. Stellen Sie die Käsemischung bis zum Gebrauch in den Kühlschrank.

Schneiden Sie die abgetropften Pimientos bzw. die gegrillte rote Paprika klein.

Servieren mit …

… gerösteten Baguettewürfeln, Grissini oder Kräckern, marinierten Artischockenherzen, entsteinten Oliven.

Tipp

Pimiento, eine spanische, süße Paprika, wird häufig zum Füllen von Oliven verwendet oder um verschiedenen Gerichten etwas Farbe zu verleihen. Sie können die Pimientos auch durch eingelegte, gegrillte rote Paprika ersetzen.

Cheddar-Spinat-Fondue

Vorbereitung

Gehen Sie entsprechend der Anweisungen in Schritt 1 vor. Stellen Sie die Käsemischung bis zum Gebrauch in den Kühlschrank.

Blanchieren Sie den Spinat.

Servieren mit …

… Baguettewürfeln, mild gerösteten Würfeln aus englischen Muffins oder von Bagels, Spalten von Granny-Smith-Äpfeln.

250 g Cheddar-Schmelzkäse
125 g alter Cheddar, gerieben
1 EL Mehl
250 ml Bier
1 EL grobkörniger Senf oder Dijon-Senf

1 Prise Muskatnuss, gerieben
frisch gemahlener schwarzer Pfeffer nach Geschmack
250 g Spinat, gehackt, blanchiert und ausgepresst

1. Den alten Cheddar reiben und mit dem Cheddar-Schmelzkäse in einer Schüssel vermischen. Mit dem Mehl vermengen, bis der Käse vollständig bedeckt ist, und beiseitestellen.

2. Das Bier in einem großen Topf bei mittlerer Hitze simmern lassen. Anschließend die Hitze reduzieren.

3. Die Käsemischung in kleinen Portionen nach und nach dazugeben und dabei jedes Mal mit einem Holzlöffel in Achterlinien rühren, bis der Käse geschmolzen ist.

4. Den Senf hinzufügen und gut umrühren. Mit Muskatnuss und Pfeffer abschmecken und den Spinat unterrühren. In den Fonduetopf umfüllen und sofort servieren.

Cheddar-Schmelzkäse lässt das Fondue sehr cremig werden – die perfekte Ergänzung zum vitaminreichen Spinat.

Cheddar-Bier-Fondue

4 Portionen

175 g Monterey Jack, gerieben
125 g Gruyère, gerieben
125 g scharfer Cheddar-Schmelzkäse
1 ½ EL Mehl

250 ml Lager-Bier (Raumtemperatur)
1 TL Senfpulver

1. Den Monterey Jack und den Gruyère in eine Schüssel reiben und mit dem Schmelzkäse vermischen. Mit dem Mehl vermengen, bis der Käse vollständig bedeckt ist, und beiseitestellen.

2. Das Bier in einem großen Topf bei mittlerer Hitze simmern lassen. Anschließend die Hitze reduzieren.

3. Die Käsemischung in kleinen Portionen nach und nach dazugeben und dabei jedes Mal mit einem Holzlöffel in Achterlinien rühren, bis der Käse geschmolzen ist.

4. Sobald der Käse fast vollständig geschmolzen ist, das Senfpulver unterrühren, in den Fonduetopf umfüllen und sofort servieren.

Vorbereitung

Gehen Sie entsprechend der Anweisungen in Schritt 1 vor. Stellen Sie die Käsemischung bis zum Gebrauch in den Kühlschrank.

Servieren mit …

… in Würfel geschnittenem Knoblauchbaguette, Kirsch- oder Flaschentomaten, blanchiertem Spargel, grünen Bohnen.

Scharfer Schmelzkäse aus Cheddar hat ein intensives Aroma und schmilzt wunderbar.

Tipp

Das Bier sollte Raumtemperatur haben. Achten Sie darauf, dass es nicht zu stark mit Kohlensäure versetzt ist, da zu viel Kohlensäure die Qualität des Fondues beeinträchtigt.

Scharfen Cheddar-Schmelzkäse finden Sie neben anderen Schmelzkäsesorten in der Käseabteilung Ihres Supermarktes. Bewahren Sie den Käse bis zu seiner Weiterverarbeitung im Kühlschrank auf.

Für ein noch intensiveres Aroma geben Sie, kurz bevor der Käse ganz geschmolzen ist, einen Teelöffel Worcestershire- und einige Tropfen Hot-Pepper-Sauce hinzu. Rühren Sie anschließend gut um.

Schnelles Käsefondue

Vorbereitung

Reiben Sie den alten Cheddar in eine Schüssel, vermischen Sie ihn mit dem Schmelzkäse und stellen Sie das Ganze bis zum Gebrauch in den Kühlschrank.

Servieren mit …

… Weißbrotwürfeln, blanchiertem Spargel, Brokkoliröschen, Karottenstiften, Zucchini, Pilzen, Streifen von roter und gelber Paprika, gekochten Spirelli-Nudeln.

Dieses einfach zuzubereitende Fondue eignet sich bestens für junge Köche.

Tipp

Scharfen Cheddar-Schmelzkäse finden Sie im Kühlregal Ihres Supermarktes. Wegen seines intensiven Aromas ist er eine wunderbare Ergänzung zum Fondue.

Sollte das Fondue zu dünnflüssig sein, fügen Sie noch einen Teelöffel Mehl hinzu. Sollte es jedoch zu dickflüssig sein, wärmen Sie 50 Milliliter ungesüßten Apfelcidre auf und rühren Sie davon nach und nach etwas ein, bis das Fondue die gewünschte Konsistenz erreicht hat.

Sie können statt Cidre auch Apfelsaft verwenden.

175 g alter Cheddar, gerieben

60 g scharfer Cheddar-Schmelzkäse

1 Knoblauchzehe, halbiert

125 ml Apfelcidre (ungesüßt)

1 Dose (etwa 280 ml) konzentrierte Käsesuppe

¼ TL Worcestershire-Sauce

frisch gemahlener schwarzer Pfeffer nach Geschmack

1. Einen großen Topf mit den Schnittflächen der Knoblauchzehe einreiben, den Knoblauch anschließend wegwerfen. Den Cidre in einen Topf geben und bei mittlerer Hitze simmern lassen. Die Käsesuppe hinzufügen und unterrühren, bis alles gut vermischt ist.

2. Die vorbereitete Käsemischung in kleinen Portionen nach und nach dazugeben, ohne die Hitze zu reduzieren. Nach jeder Portion in Achterlinien rühren, bis der Käse geschmolzen ist. Nun die Worcestershire-Sauce einrühren und mit Pfeffer abschmecken. In den Fonduetopf umfüllen und sofort servieren.

Käsefondue mit Curry

250 g scharfer Cheddar, gerieben
250 g Frischkäse
1 Knoblauchzehe, halbiert

125 ml trockener Weißwein
2 TL Currypulver

1. Einen großen Topf mit den Schnittflächen der Knoblauchzehe einreiben, den Knoblauch anschließend wegwerfen. Den Wein in den Topf geben und bei mittlerer Hitze simmern lassen. Anschließend die Hitze reduzieren.

2. Die vorbereitete Käsemischung in kleinen Portionen nach und nach dazugeben und dabei jedes Mal mit einem Holzlöffel in Achterlinien rühren, bis der Käse geschmolzen ist.

3. Das Currypulver gleichmäßig unterrühren, das Ganze in den Fonduetopf umfüllen und sofort servieren.

Vorbereitung

Reiben Sie den Cheddar, geben Sie ihn zusammen mit dem Frischkäse in eine Schüssel, vermischen Sie alles und stellen Sie das Ganze bis zum Gebrauch in den Kühlschrank.

Servieren mit …

… Baguettewürfeln, Reiskräckern, indischem Naan-Brot, gekochten kleinen Kartoffeln, Perlzwiebeln, blanchierten Blumenkohlröschen.

Dieses Rezept eignet sich perfekt für einen gelungenen Abend mit Gästen.

Tipp

Scharfer Cheddar hat ein intensives Aroma und schmilzt hervorragend.

Fettarmer Frischkäse eignet sich besonders gut.

Für ein intensiveres Aroma verrühren Sie zwei Esslöffel scharfes Mango-Chutney mit dem Currypulver und streuen Sie kurz vor dem Servieren zwei Esslöffel geröstete Mandelstifte und gehackte Frühlingszwiebeln über das Fondue.

Schnelles Käsefondue mit Curry und Pilzen

Vorbereitung

Reiben Sie den Käse und hacken Sie die Pilze klein.

Servieren mit …

… indischem Naan-Brot, blanchiertem Brokkoli und Rosenkohl, Spargel, Kirschtomaten, Kichererbsen aus der Dose (Sie können auf jeden Zinken Ihrer Fonduegabel eine Erbse aufspießen).

Tipp

Currypulver ist eine Mischung, die aus vielen Gewürzen wie Koriander-, Kreuzkümmel- und Fenchelsamen, schwarzem Pfeffer, Bockshornklee-samen, Zimt, Kardamomschoten, Nelken, scharfem Chili, getrockneten Curryblättern und Kurkuma besteht.

Ersetzen Sie das Currypulver nach einigen Monaten, da es nach und nach an Duft und Aroma verliert.

Falls Sie möchten, können Sie auch eine größere Menge Curry verwenden.

Sie können die weißen Champignons auch durch braune ersetzen. Sie haben ein festeres Fleisch und ein erdigeres Aroma.

2 EL Butter

50 g Champignons, gehackt

1 Knoblauchzehe, gehackt

1 Frühlingszwiebel (nur den weißen Teil), gehackt

1 TL Currypulver

280 ml Pilzcremesuppe

50 ml Milch

250 g alter Cheddar, gerieben

1. Die Hälfte der Butter bei mittlerer Hitze in einem Topf zerlassen. Die Pilze hinzufügen und etwa zwei Minuten anbraten, bis sie goldbraun sind. Beiseitestellen.

2. In einem großen Topf die restliche Butter bei mittlerer Hitze schmelzen lassen. Den Knoblauch, die Frühlingszwiebel und das Currypulver hinzufügen und etwa zwei Minuten anbraten, bis alles goldbraun ist. Die Pilzsuppe und die Milch einrühren, bis die Zutaten gut vermengt sind. Warten Sie, bis das Ganze heiß ist.

3. Bei gleicher Hitze den Käse in kleinen Portionen nach und nach dazugeben und dabei jedes Mal mit einem Holzlöffel in Achterlinien rühren, bis der Käse geschmolzen ist. Nun die Pilze hinzugeben und umrühren. In den Fonduetopf umfüllen und sofort servieren.

Fondue im Rarebit-Style

2 EL Butter

250 ml Milch

250 g Cheddar-Schmelzkäse

Salz und frisch gemahlener schwarzer Pfeffer nach Geschmack

½ TL Worcestershire-Sauce

¼ TL Senfpulver

1 Prise Cayennepfeffer

2 Eigelb, verquirlt

1 Frühlingszwiebel (nur den weißen Teil), gehackt

1. Die Butter und die Milch in einen großen Topf geben und bei mittlerer Hitze simmern lassen (nicht kochen!). Anschließend die Hitze reduzieren.

2. Den Käse in kleinen Portionen nach und nach dazugeben und dabei jedes Mal mit einem Holzlöffel in Achterlinien rühren, bis der Käse geschmolzen ist. Mit etwas Salz und Pfeffer abschmecken. Die Worcestershire-Sauce, das Senfpulver und den Cayennepfeffer unterrühren.

3. 125 Milliliter der Käsesauce in einen Messbecher füllen. Das Eigelb unterrühren und das Ganze zurück zu der restlichen Käsemischung in den Topf geben. Die Hitze erhöhen, die Mischung aufkochen lassen und etwa vier Minuten unter Rühren weiterkochen, bis die Sauce eingedickt ist.

4. In einen Fonduetopf umfüllen und mit der Frühlingszwiebel garnieren. Sofort servieren.

Vorbereitung

Bewahren Sie den Käse bis zum Gebrauch im Kühlschrank auf.

Braten Sie den Speck, falls Sie welchen verwenden.

Servieren mit …

… mild gerösteten englischen Muffins, mild gerösteten Bagelwürfeln, Kartoffelpuffern.

Welsh-Rarebit-Sauce (hin und wieder fälschlicherweise auch „rabbit" – Kaninchen – genannt) ist eine würzige, weiße Käsesauce, die traditionell mit Toast serviert wird. Sie eignet sich hervorragend als Brunch-Fondue.

Tipp

Dieses Fondue hat eine ausgesprochen feine Konsistenz, neigt jedoch dazu, in der Hitze des Fonduetopfes einzudicken. Achten Sie darauf, kontinuierlich zu rühren, damit die Masse nicht anbrennt.

Variation

Braten Sie vier Scheiben Speck knusprig, lassen Sie ihn abkühlen und zerkrümeln Sie ihn anschließend. Garnieren Sie das Fondue damit kurz vor dem Servieren.

Käsefondue mit weißem Cheddar und grünem Pfeffer

250 g alter weißer Cheddar, gerieben

125 g Gruyère, gerieben

1 EL Mehl

1 Knoblauchzehe, halbiert

125 ml Bier (Raumtemperatur)

2 TL Limettensaft, frisch gepresst

1 EL körniger Senf

grüne Pfefferkörner, grob gemahlen

Vorbereitung

Gehen Sie entsprechend der Anweisungen in Schritt 1 vor. Stellen Sie die Käsemischung bis zum Gebrauch in den Kühlschrank.

Servieren mit …

… in Würfel geschnittenem Baguette oder Sauerteigbrot, mild gerösteten Würfeln von Pita-Brot, Bretzeln, Essiggurken, Perlzwiebeln.

1. Den Cheddar und den Gruyère reiben und zusammen mit dem Mehl in eine Schüssel geben. Gut vermischen, bis der Käse vollständig bedeckt ist, und beiseitestellen.

2. Einen großen Topf mit den Schnittflächen der Knoblauchzehe einreiben, den Knoblauch anschließend wegwerfen. Das Bier und den Limettensaft im Topf bei mittlerer Hitze simmern lassen. Anschließend die Hitze reduzieren.

3. Die Käsemischung in kleinen Portionen nach und nach dazugeben und dabei jedes Mal mit einem Holzlöffel in Achterlinien rühren, bis der Käse geschmolzen ist.

4. Den Senf hinzufügen und gut umrühren. In einen Fonduetopf umfüllen und den grünen Pfeffer darüberstreuen. Sofort servieren.

Die Kombination aus altem weißem Cheddar (je älter, desto besser!), Gruyère und grünen Pfefferkörnern ergibt eine unwiderstehliche Geschmackssensation.

Tipp

Verwenden Sie einen Mörser anstelle einer Pfeffermühle, um die Körner zu mahlen – dadurch kommt der Pfeffergeschmack im Fondue besser zur Geltung.

Mexikanisches Fondue für Kinder

300 g alter Cheddar, gerieben

150 g scharfer Cheddar-Schmelzkäse

3 EL Speisestärke

250 ml Apfelcidre (ungesüßt)

2 TL Limettensaft, frisch gepresst

1 EL milde Salsa

2 EL Koriander, gehackt

1. Den alten Cheddar in eine Schüssel reiben und mit dem Schmelzkäse vermischen. Mit der Speisestärke vermengen, bis der Käse vollständig bedeckt ist, und beiseitestellen.

2. Den Apfelcidre und den Limettensaft im Wasserbad erhitzen. (Das Wasser darf nicht kochen!)

3. Die Käsemischung in kleinen Portionen nach und nach zu der Cidre-Limettensaft-Mischung geben und dabei jedes Mal mit einem Holzlöffel in Achterlinien rühren, bis der Käse geschmolzen ist.

4. Die Salsa unterrühren. In einen Fonduetopf umfüllen, mit dem Koriander garnieren und sofort servieren.

Vorbereitung

Gehen Sie entsprechend der Anweisungen in Schritt 1 vor. Stellen Sie die Käsemischung bis zum Gebrauch in den Kühlschrank.

Servieren mit …

… Taco-Chips, Würfeln aus Vollkornbrot und Pumpernickel.

Tipp

Falls Sie ein würzigeres Fondue bevorzugen, können Sie scharfe statt milde Salsa verwenden, oder Sie rühren einen Esslöffel gehackte, eingelegte Jalapeños unter den Käse, bevor Sie diesen in den Fonduetopf umfüllen.

Scharfen Cheddar-Schmelzkäse finden Sie im Kühlregal Ihres Supermarktes. Sein kräftiges Aroma ergänzt das Fondue perfekt. Verwahren Sie den Käse im Kühlschrank, bis Sie ihn reiben.

Würziges Fondue nach mexikanischer Art

175 g Monterey Jack, gerieben
125 g Gruyère, gerieben
125 g scharfer Cheddar-Schmelzkäse
1 EL Speisestärke
250 ml Lager-Bier (Raumtemperatur)

1 EL Limettensaft, frisch gepresst
1 TL Ancho-Chilis, entkernt und gehackt
2 EL Koriander, gehackt

Vorbereitung

Gehen Sie entsprechend der An-weisungen in Schritt 1 vor. Stellen Sie die Käsemischung bis zum Gebrauch in den Kühlschrank.

Waschen und hacken Sie den Koriander.

Servieren mit …

… Taco-Chips, Pumpernickel, Roggenbrot, gekochten Shrimps oder gekochtem Hühnchenfleisch.

1. Den Monterey Jack und den Gruyère in eine Schüssel reiben und mit dem Schmelzkäse vermischen. Mit der Speisestärke vermengen, bis der Käse vollständig bedeckt ist, und beiseitestellen.

2. Das Bier und den Limettensaft in einem großen Topf bei mittlerer Hitze simmern lassen. Anschließend die Hitze reduzieren.

3. Die Käsemischung in kleinen Portionen nach und nach dazugeben und dabei jedes Mal mit einem Holzlöffel in Achterlinien rühren, bis der Käse geschmolzen ist.

4. Die Ancho-Chilis hinzugeben und gut verrühren. In einen Fonduetopf umfüllen und mit dem Koriander garnieren. Sofort servieren.

Tipp

Ancho-Chilis sind getrocknete Poblano-Früchte. Sie sind in Spezialgeschäften und über das Internet erhältlich. Falls Sie keine Ancho-Chilis bekommen, verwenden Sie gehackte Serrano-Chilis oder Jalapeños nach Geschmack.

Weichen Sie die Ancho-Chilis 30 Minuten in warmem Wasser ein, lassen Sie sie anschließend abtropfen, entfernen Sie die Kerne und hacken Sie die Chilis klein.

Verwahren Sie den scharfen Cheddar-Schmelzkäse im Kühlschrank, bis Sie ihn reiben.

Monterey-Jack-Chipotle-Fondue

250 g Gruyère, gerieben
125 g Monterey Jack, gerieben
1 EL Speisestärke
1 Knoblauchzehe, halbiert
125 ml mexikanisches Bier (z. B. Corona)

1 EL Limettensaft, frisch gepresst
1 EL Chipotle-Chilis in Tomaten-Adobo-Sauce (siehe Tipp), fein gehackt

1. Den Gruyère und den Monterey Jack reiben und zusammen mit der Speisestärke in eine Schüssel geben. Gut vermischen, bis der Käse vollständig bedeckt ist, und beiseitestellen.

2. Einen großen Topf mit den Schnittflächen der Knoblauchzehe einreiben, den Knoblauch anschließend wegwerfen. Das Bier und den Limettensaft in den Topf geben und bei mittlerer Hitze simmern lassen. Anschließend die Hitze reduzieren.

3. Die Käsemischung in kleinen Portionen nach und nach dazugeben und dabei jedes Mal mit einem Holzlöffel in Achterlinien rühren, bis der Käse geschmolzen ist.

4. Die Chilis in der Tomaten-Adobo-Sauce unterrühren. In den Fonduetopf umfüllen und sofort servieren.

Vorbereitung

Gehen Sie entsprechend der Anweisungen in Schritt 1 vor. Stellen Sie die Käsemischung bis zum Gebrauch in den Kühlschrank.

Schneiden Sie die Chipotle-Chilis klein.

Servieren mit …

… Tortilla-Chips, knusprigen Baguette- oder Sauerteigbrotwürfeln, gekochten Shrimps, Yambohnen, Kirschtomaten.

Tipp

Chipotle-Chilis sind reife, geräucherte und getrocknete, kirschrote Jalapeños. Sie haben ein einmalig pikantes, süßes und rauchiges Aroma. Halten Sie nach Chipotle-Chilis in einer Tomaten-Adobo-Sauce in der Dose Ausschau. Sie sind in Spezialgeschäften erhältlich.

Falls Sie einen milderen Geschmack wünschen, verwenden Sie weniger Chipotle-Chilis.

Fügen Sie eine in feine Ringe geschnittene Frühlingszwiebel oder zwei Esslöffel gehackten Koriander hinzu, um den Geschmack zu variieren.

Fondue mit cremigem Mais und Chipotle-Chilis

125 g Emmentaler, gerieben

125 g Gruyère, gerieben

125 g Schmelzkäse

1 EL Speisestärke

1 EL Butter

1 Frühlingszwiebel, fein gehackt

250 ml trockener Weißwein

1 Prise Salz

1 Prise Cayennepfeffer

½ Dose Creamed Corn

1 EL Chipotle-Chilis in Tomaten-Adobo-Sauce (siehe Tipp), fein gehackt

Vorbereitung

Gehen Sie entsprechend der Anweisungen in Schritt 1 vor. Stellen Sie die Käsemischung bis zum Gebrauch in den Kühlschrank.

Schneiden Sie die Frühlingszwiebel in feine Ringe und hacken Sie die Chipotle-Chilis klein.

Servieren mit …

… Brotwürfeln aus Vollkornbrot, Tortillas (zum Dippen gerollt und in Ringe geschnitten), Yambohnen und Sellerie.

1. Den Emmentaler und den Gruyère in eine Schüssel reiben und mit dem Schmelzkäse vermischen. Mit der Speisestärke vermengen, bis der Käse vollständig bedeckt ist, und beiseitestellen.

2. Die Butter in einem großen Topf bei mittlerer Hitze zerlassen. Die Frühlingszwiebel hinzufügen und dünsten, bis sie weich ist. Den Weißwein einrühren und erhitzen. Anschließend die Hitze reduzieren.

3. Die Käsemischung in kleinen Portionen nach und nach dazugeben und dabei jedes Mal mit einem Holzlöffel in Achterlinien rühren, bis der Käse geschmolzen ist.

4. Den Topf vom Herd nehmen und das Fondue mit Salz und Cayennepfeffer würzen. Creamed Corn und die Chipotle-Chilis einrühren und in einen Fonduetopf umfüllen. Sofort servieren.

Schmelzkäse schmilzt hervorragend und macht viele Fondues besonders cremig.

Tipp

Chipotle-Chilis sind reife, geräucherte und getrocknete, kirschrote Jalapeños. Sie haben ein einmalig pikantes, süßes und rauchiges Aroma. Halten Sie nach Chipotle-Chilis in einer Tomaten-Adobo-Sauce in der Dose Ausschau. Sie sind in Spezialgeschäften erhältlich. Falls Sie einen milderen Geschmack wünschen, reduzieren Sie einfach die Menge.

Emmentaler-Gruyère-Fondue
mit geröstetem Knoblauch (Seite 11)

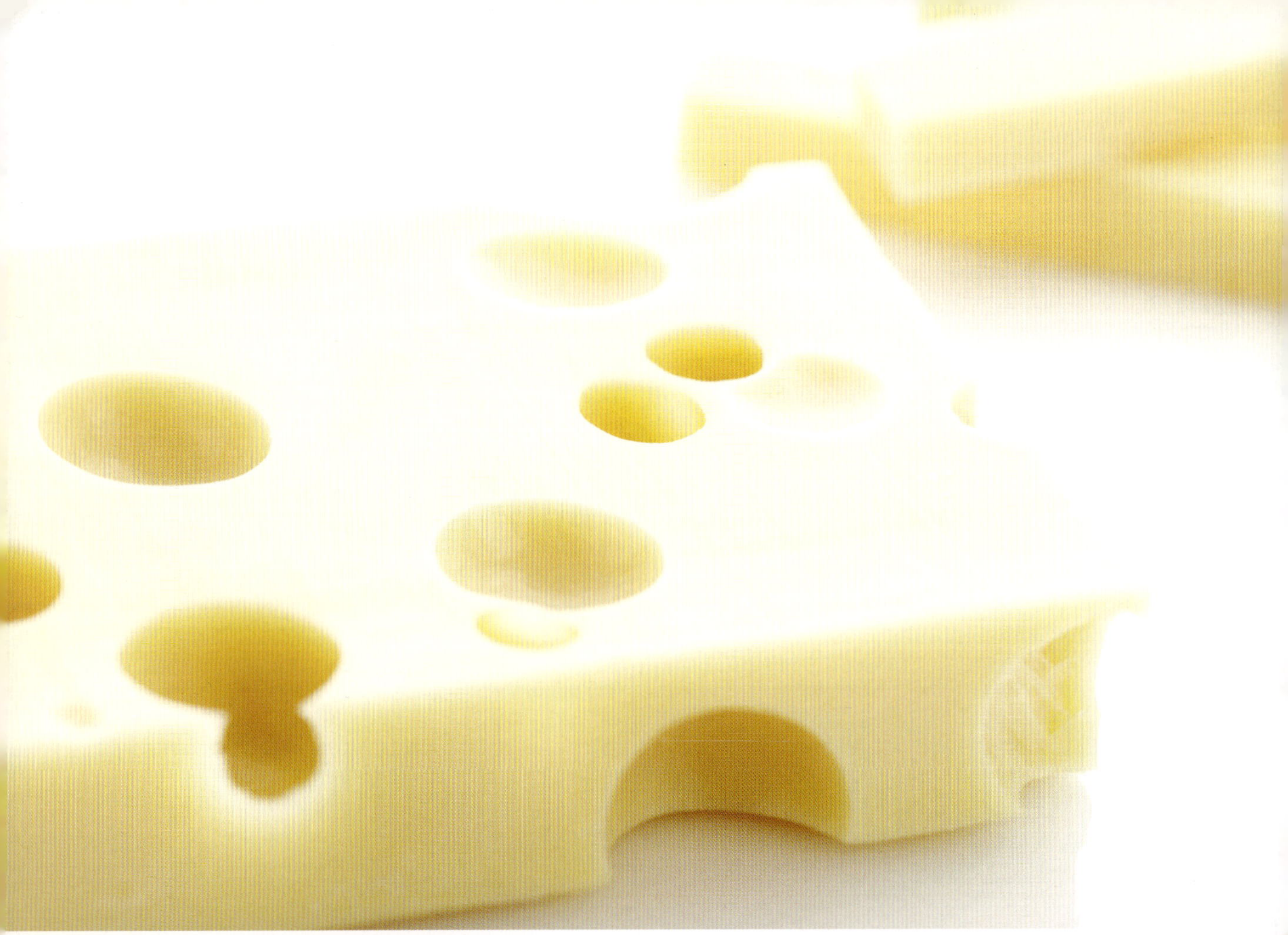
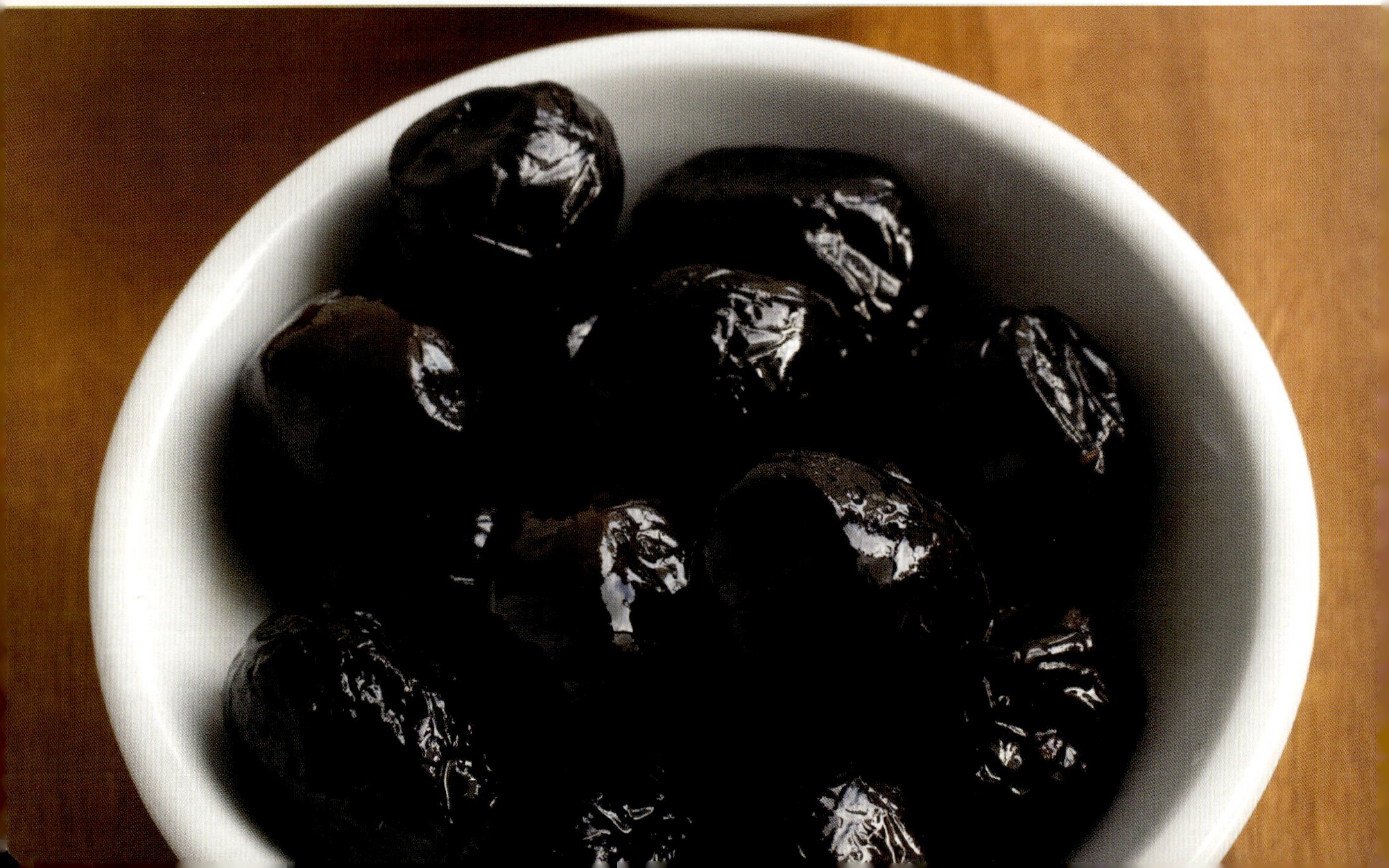

Schweizer Käsefondue mit schwarzen Oliven (Seite 13)

Oka-Fondue (Seite 17)

Cheddar-Spinat-Fondue (Seite 22)

Queso Fondido (Seite 34)

Würziges Fondue nach mexikanischer Art (Seite 30)

Jack-Pepper-Käsefondue

175 g Friulano, gerieben

175 g Monterey Jack mit Jalapeños, gerieben

1 EL Mehl

1 Knoblauchzehe, halbiert

125 ml Lager-Bier (Raumtemperatur)

1 EL Limettensaft, frisch gepresst

1. Den Friulano und den Monterey Jack reiben und zusammen mit dem Mehl in eine Schüssel geben. Gut vermischen, bis der Käse vollständig bedeckt ist, und beiseitestellen

2. Einen großen Topf mit den Schnittflächen der Knoblauchzehe einreiben, den Knoblauch anschließend wegwerfen. Das Bier und den Limettensaft in den Topf geben und bei mittlerer Hitze simmern lassen. Anschließend die Hitze reduzieren.

3. Die Käsemischung in kleinen Portionen nach und nach dazugeben und dabei jedes Mal mit einem Holzlöffel in Achterlinien rühren, bis der Käse geschmolzen ist. In den Fonduetopf umfüllen und sofort servieren.

Vorbereitung

Gehen Sie entsprechend der Anweisungen in Schritt 1 vor. Stellen Sie die Käsemischung bis zum Gebrauch in den Kühlschrank.

Blanchieren Sie den Spinat.

Servieren mit ...

... in Würfel geschnittenem Baguette, geröstetem Knoblauchbrot, Taco-Chips, Maisbrot.

Monterey Jack harmoniert sehr gut mit Chili-Gerichten. Probieren Sie dieses Fondue doch einmal mit Chili con Carne, Salat und einem knusprigen Brot.

Tipp

Monterey Jack ist ein echter nordamerikanischer Käse, dessen Ursprünge bis in das Jahr 1890 zurückreichen. Es ist ein fester, cremiger Käse, der sehr gut schmilzt. Monterey Jack (manchmal auch einfach nur Jack genannt) ist mit Knoblauch, Dill und anderen Zutaten erhältlich – experimentieren Sie einfach mit den verschiedenen Geschmacksrichtungen.

Friulano, benannt nach der italienischen Region Friaul, ist ein fester Käse mit mildem, milchigem Duft und Geschmack. Je länger er reift, desto nussiger und säuerlicher wird sein Aroma.

Queso Fondido

175 g Gruyère, gerieben

125 g Monterey Jack, gerieben

60 g Cheddar, gerieben

1 EL Speisestärke

1 Knoblauchzehe, halbiert

175 ml mexikanisches Bier (z. B. Corona)

1 EL Limettensaft, frisch gepresst

1 Jalapeño, geröstet, entkernt und gehackt (siehe Tipp)

½ rote Paprika, geröstet, entkernt und gehackt (siehe Tipp)

3 Tropfen Hot-Pepper-Sauce (optional)

Vorbereitung

Gehen Sie entsprechend der Anweisungen in Schritt 1 vor. Stellen Sie die Käsemischung bis zum Gebrauch in den Kühlschrank.

Rösten Sie die Jalapeño und die Paprika.

Servieren mit …

… Tortilla-Chips, mild geröstetem Pita-Brot, Würfeln aus Sauerteigbrot, Salamistücken, Kirschtomaten.

Queso Fondido, die mexikanische Art des Schweizer Fondues, ist wortwörtlich „geschmolzener Käse". Bei dieser Version garantieren die geröstete Jalapeño und die rote Paprika eine gewisse Schärfe und ein wunderbar intensives Aroma.

Tipp

Um die Schoten zu rösten, legen Sie diese in eine Grillpfanne und rösten Sie sie etwa 20 Minuten unter mehrmaligem Wenden, bis die Schoten außen schwarz sind. Legen Sie sie danach fünf bis zehn Minuten in ein verschließbares Gefäß. Schälen und entkernen Sie anschließend die Jalapeño und die Paprika. Halbieren Sie die Paprika und hacken Sie eine Hälfte klein. Die zweite Hälfte können Sie für einen anderen Verwendungszweck aufheben. Hacken Sie die Jalapeño ebenfalls klein.

1. Den Gruyère, den Monterey Jack und den Cheddar reiben und zusammen mit der Speisestärke in eine Schüssel geben. Gut vermischen, bis der Käse vollständig bedeckt ist, und beiseitestellen.

2. Einen großen Topf mit den Schnittflächen der Knoblauchzehe einreiben, den Knoblauch anschließend wegwerfen. Das Bier und den Limettensaft in den Topf geben und bei mittlerer Hitze simmern lassen. Anschließend die Hitze reduzieren.

3. Die Käsemischung in kleinen Portionen nach und nach dazugeben und dabei jedes Mal mit einem Holzlöffel in Achterlinien rühren, bis der Käse geschmolzen ist.

4. Die Jalapeño, die Paprika und die Hot-Pepper-Sauce (optional) einrühren. In einen Fonduetopf umfüllen und sofort servieren.

Trüffel-Fondue

375 g Gruyère, gerieben

125 g Fontina, gerieben

1 EL Speisestärke

1 Knoblauchzehe, halbiert

250 ml trockener Weißwein

2 TL weißes Trüffelöl (siehe Tipp)

1. Den Gruyère und den Fontina reiben und zusammen mit der Speisestärke in eine Schüssel geben. Gut vermischen, bis der Käse vollständig bedeckt ist, und beiseitestellen.

2. Einen großen Topf mit den Schnittflächen der Knoblauchzehe einreiben, den Knoblauch anschließend wegwerfen. Den Wein in den Topf geben und bei mittlerer Hitze simmern lassen. Anschließend die Hitze reduzieren.

3. Die Käsemischung in kleinen Portionen nach und nach dazugeben und dabei jedes Mal mit einem Holzlöffel in Achterlinien rühren, bis der Käse geschmolzen ist.

4. Das Trüffelöl gut unterrühren. In den Fonduetopf umfüllen und sofort servieren.

Vorbereitung

Gehen Sie entsprechend der Anweisungen in Schritt 1 vor. Stellen Sie die Käsemischung bis zum Gebrauch in den Kühlschrank.

Servieren mit …

… Focaccia, Croissants, gewürfeltem Baguette, Fergasa-Brot, Kirschtomaten, marinierten Pilzen, blanchierten Brokkoliröschen.

Tipp

Trüffelöl ist eine exklusive Ergänzung zu diesem Fondue und verleiht ihm einen intensiven Geschmack. Durch das sinnliche Aroma des Öls eignet sich dieses Fondue gut zu besonderen Anlässen, wie z. B. am Valentinstag.

Italienisches Fondue

Vorbereitung

Gehen Sie entsprechend der Anweisungen in Schritt 1 vor. Stellen Sie die Käsemischung bis zum Gebrauch in den Kühlschrank.

—

Servieren mit …

… knusprigen Würfeln aus Weißbrot, gegrillten Auberginenscheiben, blanchiertem Rübstiel, Focaccia, Salamistücken, Pilzen, Bratwurst.

250 g Fontina, gerieben
60 g Parmesan, frisch gerieben
60 g Mozzarella, klein gewürfelt
2 TL Speisestärke

1 Knoblauchzehe, halbiert
175 ml trockener italienischer Weißwein
2 TL Zitronensaft, frisch gepresst

1. Den Fontina und den Parmesan in eine Schüssel reiben. Den Mozzarella sehr klein würfeln und dazugeben. Mit der Speisestärke vermengen, bis der Käse vollständig bedeckt ist, und beiseitestellen.

2. Einen großen Topf mit den Schnittflächen der Knoblauchzehe einreiben, den Knoblauch anschließend wegwerfen. Den Wein und den Zitronensaft in den Topf geben und bei mittlerer Hitze simmern lassen. Anschließend die Hitze reduzieren.

3. Die Käsemischung in kleinen Portionen nach und nach dazugeben und dabei jedes Mal mit einem Holzlöffel in Achterlinien rühren, bis der Käse geschmolzen ist. In den Fonduetopf umfüllen und sofort servieren.

Tipp

Fontina hat eine etwas festere Textur und ein mildes Bouquet. Er eignet sich ideal zum Schmelzen.

Mozzarella, bekannt für seine feste und zugleich elastische Konsistenz, hat ein mildes Aroma und passt gut zu Fontina und dem robusten Parmigiano-Reggiano.

Pizza-Fondue

375 g Mozzarella, klein gewürfelt

30 g Parmesan, frisch gerieben

1 EL Mehl

2 Knoblauchzehen, gehackt

175 ml trockener Weißwein

½ Dose Tomaten, abgetropft, gewürfelt

1 EL Balsamico

1 EL Basilikum, gehackt (oder 1 TL getrocknetes)

1 EL Oregano, gehackt (oder 1 TL getrockneter)

1. Den Mozzarella würfeln, den Parmesan reiben und zusammen mit dem Mehl in eine Schüssel geben. Gut vermischen, bis der Käse vollständig bedeckt ist, und beiseitestellen.

2. In einem großen Topf den Wein mit dem Knoblauch bei mittlerer Hitze simmern lassen. Anschließend die Hitze reduzieren.

3. Die Käsemischung in kleinen Portionen nach und nach dazugeben und dabei jedes Mal mit einem Holzlöffel in Achterlinien rühren, bis der Käse geschmolzen ist.

4. Die Tomaten, den Balsamico, das Basilikum und den Oregano hinzufügen. Etwa zwei Minuten unter Rühren warm werden lassen. In einen Fonduetopf umfüllen und sofort servieren.

Vorbereitung

Gehen Sie entsprechend der Anweisungen in Schritt 1 vor. Stellen Sie die Käsemischung bis zum Gebrauch in den Kühlschrank.

Servieren mit …

… knusprigen Baguettewürfeln, Focacciawürfeln, Grissini und Kräckern, Peperoni und Salamistücken, Bratwurst, Paprika, Pilzen.

Dieses Fondue war bei meinen Söhnen sehr beliebt, als sie noch Teenager waren. Sie mochten neben dem Käsefondue die verschiedenen Dips besonders gern.

Mozzarella-Fondue mit gerösteter roter Paprika

175 g Gruyère, gerieben

175 g Mozzarella, gewürfelt

1 EL Mehl

175 ml trockener Weißwein

1 EL Zitronensaft, frisch gepresst

2 Knoblauchzehen, fein gehackt

1 EL Kirschwasser

½ rote Paprika, geröstet, entkernt und gehackt (siehe Tipp)

Vorbereitung

Gehen Sie entsprechend der Anweisungen in Schritt 1 vor. Stellen Sie die Käsemischung bis zum Gebrauch in den Kühlschrank.

Rösten Sie die Paprika.

Servieren mit …

… Grissini und Kräckern, Focaccia, Pita-Brot, Räucherlachs, Penne.

1. Den Gruyère reiben, den Mozzarella würfeln und zusammen mit dem Mehl in eine Schüssel geben. Gut vermischen, bis der Käse vollständig bedeckt ist, und beiseitestellen.

2. Den Weißwein, den Zitronensaft und den Knoblauch in einem großen Topf bei mittlerer Hitze simmern lassen. Anschließend die Hitze reduzieren.

3. Die Käsemischung in kleinen Portionen nach und nach dazugeben und dabei jedes Mal mit einem Holzlöffel in Achterlinien rühren, bis der Käse geschmolzen ist.

4. Den Topf vom Herd nehmen und das Kirschwasser und die Paprika unterrühren. In den Fonduetopf umfüllen und sofort servieren.

Tipp

Sie können die Paprika auf Ihrem Grill oder mit der Grillfunktion Ihres Backofens rösten.

Platzieren Sie die Paprika auf dem Grill direkt über der Hitzequelle, rösten Sie sie etwa fünf bis zehn Minuten und wenden Sie sie alle paar Minuten, bis die Haut schwarz wird und Blasen wirft.

Falls Sie die Paprika im Backofen grillen, legen Sie diese in eine Grillpfanne oder auf ein Backblech direkt unter die Heizstäbe und grillen Sie sie unter mehrmaligem Wenden etwa 20 Minuten bzw. bis sie schwarz ist.

Legen Sie die Paprika anschließend in ein verschließbares Gefäß. Lassen Sie sie fünf bis zehn Minuten ruhen, bevor Sie sie schälen und entkernen.

Käsefondue mit Kümmelgouda

175 g Edamer, gerieben

175 g kräftiger Gouda mit Kümmel, gerieben

60 g Gruyère, gerieben

2 TL Speisestärke

1 Knoblauchzehe, halbiert

150 ml Lager-Bier (Raumtemperatur)

1 TL Limettensaft, frisch gepresst

1. Den Edamer, den Gouda und den Gruyère reiben und zusammen mit der Speisestärke in eine Schüssel geben. Gut vermischen, bis der Käse vollständig bedeckt ist, und beiseitestellen.

2. Einen großen Topf mit den Schnittflächen der Knoblauchzehe einreiben, den Knoblauch anschließend wegwerfen. Das Bier und den Limettensaft in den Topf geben und bei mittlerer Hitze simmern lassen. Anschließend die Hitze reduzieren.

3. Die Käsemischung in kleinen Portionen nach und nach dazugeben und dabei jedes Mal mit einem Holzlöffel in Achterlinien rühren, bis der Käse geschmolzen ist. In den Fonduetopf umfüllen und sofort servieren.

Vorbereitung

Gehen Sie entsprechend der Anweisungen in Schritt 1 vor. Stellen Sie die Käsemischung bis zum Gebrauch in den Kühlschrank.

Servieren mit …

… Baguette-, dunklen Roggenbrot-, Pumpernickel- und Mehrkornbrotwürfeln, Gurke, roter und grüner Paprika, eingelegten Zwiebeln.

Tipp

Wegen seines malzigen, süßlichen Geschmacks eignet sich Lager-Bier besonders gut. Andere Biersorten sind in der Regel zu kräftig (z. B. Starkbier) oder zu säuerlich (wie z. B. hopfenbetonte, dunkle Biersorten).

Fondue mit geräuchertem Gouda

Vorbereitung

Gehen Sie entsprechend der Anweisungen in Schritt 1 vor. Stellen Sie die Käsemischung bis zum Gebrauch in den Kühlschrank.

Servieren mit …

… Baguette-, Stuten- oder hellen Roggenbrotwürfeln, blanchiertem Gemüse nach Belieben.

250 g Gruyère, gerieben
125 g geräucherter Gouda, gerieben
1 EL Mehl
1 Knoblauchzehe, halbiert

175 ml trockener Weißwein
1 ½ TL Zitronensaft, frisch gepresst

1. Den Gruyère und den Gouda reiben und zusammen mit dem Mehl in eine Schüssel geben. Gut vermischen, bis der Käse vollständig bedeckt ist, und beiseitestellen.

2. Einen großen Topf mit den Schnittflächen der Knoblauchzehe einreiben, den Knoblauch anschließend wegwerfen. Den Wein und den Zitronensaft in den Topf geben und bei mittlerer Hitze simmern lassen. Anschließend die Hitze reduzieren.

3. Die Käsemischung in kleinen Portionen nach und nach dazugeben und dabei jedes Mal mit einem Holzlöffel in Achterlinien rühren, bis der Käse geschmolzen ist. In einen Fonduetopf umfüllen und sofort servieren.

Der in diesem Rezept verwendete geräucherte Gouda ist ebenso ungewöhnlich wie delikat – ein Vergnügen für jeden, der den Geschmack geräucherter Speisen liebt.

Fondue mit Blauschimmelkäse

125 g Blauschimmelkäse, zerkrümelt

250 g Frischkäse (Raumtemperatur)

1 EL Butter

30 g Lauch, gehackt (nur die weißen und hellgrünen Teile verwenden)

1 Schalotte, gehackt

150 ml fettarme Sahne (etwa 10 % Fett)

1. Den Blauschimmelkäse in eine Schüssel zerkrümeln, mit dem Frischkäse vermischen und beiseitestellen.

2. Die Butter in einem großen Topf bei mittlerer Hitze zerlassen. Den Lauch und die Schalotte hinzufügen und weich dünsten. Die Sahne einrühren und erhitzen (nicht kochen!). Anschließend die Hitze reduzieren.

3. Die Käsemischung in kleinen Portionen nach und nach dazugeben und dabei jedes Mal mit einem Holzlöffel in Achterlinien rühren, bis der Käse geschmolzen ist. In den Fonduetopf umfüllen und sofort servieren.

Vorbereitung

Gehen Sie entsprechend der Anweisungen in Schritt 1 vor. Stellen Sie die Käsemischung bis zum Gebrauch in den Kühlschrank.

Schneiden Sie den Lauch und die Schalotten in feine Ringe.

Servieren mit …

… Baguettewürfeln, blanchiertem Gemüse (z. B. Brokkoli, Spargel und Blumenkohl), Birne.

Dieses cremige Fondue hat ein feines Blauschimmelkäse-Aroma.

Tipp

Wenn Sie eine Prise Cayennepfeffer hinzugeben, wird der Geschmack intensiver.

Blanchieren Sie das Gemüse, das Sie zum Dippen verwenden, etwa fünf Minuten ohne Deckel in kochendem Wasser, bis es bissfest ist. Schrecken Sie es anschließend unter kaltem Wasser ab, um den Garvorgang zu beenden. Lassen Sie das Gemüse abtropfen.

Roquefort-Fondue mit karamellisierten Walnüssen

250 g Emmentaler, gerieben
100 g Roquefort, zerkrümelt
1 EL Mehl
1 EL Butter
2 Schalotten, gehackt

1 Knoblauchzehe, gehackt
125 ml trockener Weißwein
1 TL Zitronensaft, frisch gepresst
30 g Walnüsse, karamellisiert (siehe Tipp)

Vorbereitung

Gehen Sie entsprechend der Anweisungen in Schritt 1 vor. Stellen Sie die Käsemischung bis zum Gebrauch in den Kühlschrank.

Karamellisieren Sie die Walnüsse.

Servieren mit …

… Baguette- und Mehrkornbrotwürfeln, in Ölfondue gegartem Rindfleisch, gekochten Frühkartoffeln, blanchiertem Gemüse (siehe Tipp, Seite 41), Birnen- und Apfelspalten.

1. Den Emmentaler in eine Schüssel reiben, den Roquefort zerkrümeln und dazugeben. Mit dem Mehl vermischen, bis der Käse vollständig bedeckt ist, und beiseitestellen.

2. Die Butter in einem großen Topf bei mittlerer Hitze zerlassen. Die Schalotten und den Knoblauch hinzufügen und dünsten, bis die Zutaten weich sind. Den Wein und den Zitronensaft hinzufügen, aufkochen und anschließend die Hitze reduzieren.

3. Die Käsemischung in kleinen Portionen nach und nach dazugeben und dabei jedes Mal mit einem Holzlöffel in Achterlinien rühren, bis der Käse geschmolzen ist.

4. Die karamellisierten Walnüsse unterrühren. In den Fonduetopf umfüllen und sofort servieren.

Servieren Sie dieses Fondue als Beilage zum Klassischen Bœuf-Bourguignon-Fondue (siehe Seite 56). Garen Sie das Fleisch in Öl und krönen Sie es mit diesem Blauschimmelkäse-Fondue.

Tipp

Karamellisieren Sie die Walnüsse, indem Sie 30 Gramm gehackte Nüsse mit einem Esslöffel braunen Zucker in eine Pfanne geben und bei mittlerer Hitze goldbraun anrösten. Geben Sie die Nüsse anschließend zum Abkühlen auf ein Stück Alufolie, lassen Sie sie abkühlen und hacken Sie sie klein.

Frischkäse-Fondue mit Krabben

250 g Frischkäse (Raumtemperatur)

250 ml fettarme Sahne (etwa 10 % Fett)

1 EL Butter

2 EL Frühlingszwiebeln, gehackt

1 Knoblauchzehe, gehackt

125 g Blauschimmelkäse, zerkrümelt

250 g Krabbenfleisch, zerrupft

2 EL Zitronensaft, frisch gepresst

¼ TL Hot-Pepper-Sauce

1. Den Frischkäse und die Hälfte der Sahne (125 Milliliter) mit einem elektrischen Handmixer in einer Schüssel verrühren, bis die Masse geschmeidig ist, und beiseitestellen.

2. Die Butter in einem großen Topf bei mittlerer Hitze zerlassen. Die Frühlingszwiebeln und den Knoblauch hinzufügen und dünsten, bis die Zutaten weich sind. Die restliche Sahne einrühren und erhitzen (nicht kochen!). Die Hitze reduzieren und das Ganze ziehen lassen.

3. Die Frischkäse-Sahne-Mischung in kleinen Portionen nach und nach in den Topf geben und dabei jedes Mal mit einem Holzlöffel in Achterlinien rühren, bis die Käsemischung geschmolzen ist. Den Blauschimmelkäse hinzugeben und rühren, bis alles geschmolzen ist.

4. Das Krabbenfleisch, den Zitronensaft und die Hot-Pepper-Sauce hinzugeben und gut verrühren. In den Fonduetopf umfüllen und sofort servieren.

Vorbereitung

Gehen Sie entsprechend der Anweisungen in Schritt 1 vor.

Schneiden Sie die Frühlingszwiebel und den Knoblauch klein.

Servieren mit …

… gewürfeltem Sauerteigbrot, blanchiertem Gemüse (z. B. Brokkoli und Spargel), roter und grüner Paprika.

Tipp

Verwenden Sie nach Möglichkeit frisches Krabbenfleisch.

Für zusätzliche Schärfe können Sie etwas mehr Hot-Pepper-Sauce hinzufügen.

Blanchieren Sie das Gemüse, das Sie zum Dippen verwenden, etwa fünf Minuten ohne Deckel in kochendem Wasser, bis es bissfest ist. Schrecken Sie es anschließend unter kaltem Wasser ab, um den Garvorgang zu beenden. Lassen Sie das Gemüse abtropfen.

Frischkäse-Fondue mit Räucherlachs

250 g Ziegenkäse, gewürfelt

100 g Frischkäse

1 Knoblauchzehe, halbiert

125 ml trockener Weißwein

150 g Räucherlachs, in mundgerechte Stücke geschnitten

2 Frühlingszwiebeln, in feine Ringe geschnitten

Vorbereitung

Gehen Sie entsprechend der Anweisungen in Schritt 1 vor. Stellen Sie die Käsemischung bis zum Gebrauch in den Kühlschrank.

Schneiden Sie den Lachs in etwa zweieinhalb Zentimeter große Stücke und verwahren Sie ihn im Kühlschrank, bis Sie ihn brauchen.

Servieren mit …

… klein geschnittenen Bagels, Pumpernickel- und Roggenbrot würfeln, Grissini und Kräckern, mild gerösteten englischen Muffins und Pita-Brot.

1. Den Ziegenkäse und den Frischkäse würfeln, in einer Schüssel vermischen und beiseitestellen.

2. Einen großen Topf mit den Schnittflächen der Knoblauchzehe einreiben, den Knoblauch anschließend wegwerfen. Den Wein in den Topf geben und bei mittlerer Hitze simmern lassen. Anschließend die Hitze reduzieren.

3. Die Käsemischung in kleinen Portionen nach und nach dazugeben und dabei jedes Mal mit einem Holzlöffel in Achterlinien rühren, bis der Käse geschmolzen ist.

4. Den Räucherlachs hinzugeben und gut unterrühren. In den Fonduetopf umfüllen, mit den Frühlingszwiebeln garnieren und sofort servieren.

Dieses fantastische Frischkäse-Fondue mit Räucherlachs eignet sich hervorragend als Brunch oder als Vorspeise mit einem Glas Weißwein. Sie sollten es unbedingt mit Bagels servieren.

Tipp

Wärmen Sie die Bagels etwa fünf Minuten im Ofen bei mittlerer Hitze auf, bevor Sie sie in große Würfel schneiden.

Anstelle der Frühlingszwiebeln können Sie auch zwei Esslöffel gehackte Petersilie verwenden.

Garnieren Sie das Fondue vor dem Servieren mit Kapern.

Vier-Käse-Fondue mit Artischocken

1 Glas (170 ml) marinierte
Artischockenherzen

175 g Ziegenkäse, gewürfelt

125 g Gruyère, gerieben

90 g Asiago, gerieben

30 g Parmesan, frisch gerieben

1 EL Mehl

125 ml trockener Weißwein

1 Knoblauchzehe, fein gehackt

1. Die Artischocken in ein Sieb schütten und abtropfen lassen. Einen Esslöffel der Marinade auffangen.

2. Den Ziegenkäse würfeln und den Gruyère, den Asiago und den Parmesan reiben. Das Ganze zusammen mit dem Mehl in eine Schüssel geben, gut vermischen, bis der Käse vollständig bedeckt ist, und beiseitestellen.

3. Den Weißwein mit der aufgefangenen Artischockenmarinade in einen großen Topf geben und bei mittlerer Hitze simmern lassen. Anschließend die Hitze reduzieren. Den gehackten Knoblauch unterrühren.

4. Die Käsemischung in kleinen Portionen nach und nach dazugeben und dabei jedes Mal mit einem Holzlöffel in Achterlinien rühren, bis der Käse geschmolzen ist.

5. Den Topf vom Herd nehmen und die Artischockenherzen in die Käsemischung geben. In einen Fonduetopf umfüllen und sofort servieren.

Vorbereitung

Gehen Sie entsprechend der Anweisungen in Schritt 2 vor. Stellen Sie die Käsemischung bis zum Gebrauch in den Kühlschrank.

Servieren mit …

… knusprigen Würfeln aus Weißbrot und Sauerteigbrot, italienischen Brötchen, Salamistücken oder Peperoni.

Tipp

Asiago ist ein italienischer Hartkäse, der leicht schmilzt und diesem Fondue sein kräftiges Aroma verleiht.

Nach Möglichkeit sollten Sie frisch geriebenen Parmigiano-Reggiano verwenden. Er ist das Geld auf jeden Fall wert! Bereits geriebener Parmesan ist zwar preiswerter, hat aber sowohl weniger Aroma als auch weniger Textur.

Ziegenkäse-Fondue mit Thymian

Vorbereitung

Gehen Sie entsprechend der Anweisungen in Schritt 1 vor. Stellen Sie die Käsemischung bis zum Gebrauch in den Kühlschrank.

Servieren mit …

… Baguette- oder Pumpernickelwürfeln, Grissini und Kräckern, Birnen- und Apfelspalten.

Ziegenkäse hat ein komplexes Aroma und harmoniert deshalb sehr gut mit dem milden Frischkäse.

250 g Ziegenkäse, gewürfelt
125 g Frischkäse
1 EL Mehl
1 Knoblauchzehe, halbiert

175 ml trockener Weißwein
2 EL Thymian, gehackt
frisch gemahlener schwarzer Pfeffer nach Geschmack

1. Den Ziegenkäse würfeln, in eine Schüssel geben und mit dem Frischkäse vermengen. Das Mehl hinzufügen und vermischen, bis der Käse vollständig bedeckt ist. Anschließend beiseitestellen.

2. Einen großen Topf mit den Schnittflächen der Knoblauchzehe einreiben, den Knoblauch anschließend wegwerfen. Den Wein in den Topf geben und bei mittlerer Hitze simmern lassen. Anschließend die Hitze reduzieren.

3. Die Käsemischung in kleinen Portionen nach und nach dazugeben und dabei jedes Mal mit einem Holzlöffel in Achterlinien rühren, bis der Käse geschmolzen ist.

4. Den gehackten Thymian unterrühren. In einen Fonduetopf umfüllen und sofort servieren.

Cremiges Knoblauch-Fondue mit Zwiebeln und Kräutern

125 g Asiago, gerieben

125 g Ziegenkäse, gewürfelt

125 g Frischkäse

1 EL Mehl

175 ml trockener Weißwein

1 EL Limettensaft, frisch gepresst

2 EL Vidalia-Zwiebeln (oder eine andere süße Sorte), gehackt

2 Knoblauchzehen, gehackt

1 EL Basilikum, fein gehackt

1 EL Schnittlauch, in Röllchen geschnitten

1 EL Zitronenthymian, fein gehackt

1. Den Asiago reiben, den Ziegenkäse würfeln, beides in eine Schüssel geben und mit dem Frischkäse vermischen. Das Mehl hinzufügen und gut vermengen, bis der Käse vollständig bedeckt ist, und beiseitestellen.

2. Den Weißwein, den Limettensaft, den Knoblauch und die Zwiebeln in einen großen Topf geben und bei mittlerer Hitze simmern lassen. Anschließend die Hitze reduzieren.

3. Die Käsemischung in kleinen Portionen nach und nach dazugeben und dabei jedes Mal mit einem Holzlöffel in Achterlinien rühren, bis der Käse geschmolzen ist.

4. Den Topf vom Herd nehmen, die Kräuter einstreuen und gut unterrühren. In einen Fonduetopf umfüllen und sofort servieren.

Vorbereitung

Gehen Sie entsprechend der Anweisungen in Schritt 1 vor. Stellen Sie die Käsemischung bis zum Gebrauch in den Kühlschrank.

Hacken Sie die Zwiebeln und den Knoblauch.

Waschen und hacken Sie die Kräuter fein.

Servieren mit …

… blanchiertem Brokkoli und Blumenkohl (siehe Tipp, Seite 41), Zucchinischeiben, Pilzen, Focaccia, Grissini und Kräckern.

Tipp

Frische Kräuter sind ein absolutes Muss bei diesem Fondue. Falls Sie keinen Zitronenthymian oder kein Basilikum zur Hand haben, verwenden Sie stattdessen andere frische Kräuter.

Schnittlauch stammt ursprünglich aus Asien und gehört zur gleichen Familie wie Knoblauch, Zwiebeln und Lauch. Anstelle von Schnittlauch können Sie auch Frühlingszwiebeln (nur den grünen Teil) verwenden. Benutzen Sie eine Küchenschere, um den Schnittlauch in feine Röllchen zu schneiden.

Feta-Fondue mit Minze

125 g Feta, zerkrümelt

60 g Ziegenkäse, gewürfelt

250 ml Milch

1 EL Butter

2 EL Mehl

1 TL Dill, fein gehackt

1 TL Minze, fein gehackt

¼ TL Knoblauchpulver

1 Prise schwarzer Pfeffer, frisch gemahlen

Vorbereitung

Gehen Sie entsprechend der Anweisungen in Schritt 1 vor.

Waschen Sie den Dill und die Minze und hacken Sie beides sehr fein.

Servieren mit …

… Pita-Brot, Croissants, Kirschtomaten, gekochten Frühkartoffeln, Spinatblättern (zum Dippen zwei Blätter aufeinanderlegen und aufspießen), Gurkenscheiben.

1. Den Feta zerkrümeln, den Ziegenkäse würfeln, beides in eine Schüssel geben und beiseitestellen.

2. Die Milch und die Butter in einen großen Topf geben und bei mittlerer Hitze simmern lassen (nicht kochen!). Nach und nach unter ständigem Rühren das Mehl hinzufügen, bis eine sämige Masse entsteht. Anschließend die Hitze reduzieren.

3. Die Käsemischung in kleinen Portionen nach und nach dazugeben und dabei jedes Mal mit einem Holzlöffel in Achterlinien rühren, bis der Käse geschmolzen ist.

4. Die Pfanne vom Herd nehmen. Den Dill, die Minze, das Knoblauchpulver und eine Prise Pfeffer hinzufügen und gut verrühren. In einen Fonduetopf umfüllen und sofort servieren.

Der unverwechselbare Geschmack von Feta und Ziegenkäse macht dieses Rezept so unverwechselbar.

Tipp

Minze ist eine immergrüne Pflanze, die, einmal angepflanzt, Ihren Garten leicht überwuchern kann. Ebenso kann der Geschmack der Pflanze die Aromen anderer Zutaten in Speisen überlagern – daher sollten Sie nicht zu viel davon verwenden. Am besten schmeckt Minze, wenn sie vor der Blütezeit geerntet wird.

Camembert-Fondue mit wilden Pilzen

15 g Steinpilze oder gemischte Wildpilze, getrocknet

500 g Camembert, entrindet und gewürfelt

1 EL Speisestärke

1 Knoblauchzehe, halbiert

175 ml trockener Weißwein

1 TL Rosmarin, getrocknet

1. Die Pilze 15 Minuten in 250 Millilitern heißem Wasser einweichen, anschließend ausdrücken, klein hacken und beiseitestellen.

2. Den Camembert entrinden und würfeln und zusammen mit der Stärke in eine Schüssel geben. Gut vermischen, bis der Käse ganz mit der Stärke bedeckt ist, und beiseitestellen.

3. Einen großen Topf mit den Schnittflächen der Knoblauchzehe einreiben, den Knoblauch anschließend wegwerfen. Den Wein in den Topf geben und bei mittlerer Hitze simmern lassen. Anschließend die Hitze reduzieren.

4. Den Käse in kleinen Portionen nach und nach dazugeben und dabei jedes Mal mit einem Holzlöffel in Achterlinien rühren, bis der Käse geschmolzen ist.

5. Die Pilze und den Rosmarin hinzufügen und gut verrühren. In einen Fonduetopf umfüllen und sofort servieren.

Vorbereitung

Gehen Sie entsprechend der Anweisungen in Schritt 2 vor. Stellen Sie das Ganze bis zum Gebrauch in den Kühlschrank.

Servieren mit …

… knusprigen Baguette- oder Weißbrotwürfeln, Wallnussbrot oder mild geröstetem Pita-Brot.

Der cremige Camembert wurde erstmals in einem Dorf namens Camembert in der Normandie hergestellt. Für ein perfektes Fondue sollten Sie Camembert mit 60–75 % Fettgehalt in der Trockenmasse verwenden.

Tipp

Getrocknete wilde Pilze entwickeln einen intensiveren Geruch und Geschmack als frische Pilze.

Sie können statt getrockneter Pilze auch in Scheiben geschnittene und in Butter gedünstete frische Wildpilze verwenden.

49

Camembert-Fondue mit Pesto

Vorbereitung

Gehen Sie entsprechend der Anweisungen in Schritt 1 und 2 vor.

Servieren mit ...

... in Würfel geschnittenem Baguette, blanchiertem Gemüse.

Zu diesem Fondue passt Gemüse hervorragend. Versuchen Sie es einmal sowohl mit blanchiertem Brokkoli und Blumenkohlröschen als auch mit Spargel.

Tipp

Verwenden Sie Camembert mit 60–75% Fettgehalt in der Trockenmasse.

Pinienkerne sind Samen aus Pinienzapfen und stammen hauptsächlich aus Frankreich, Italien oder den Südstaaten der USA. Pinienbäume produzieren ihre Samen erst ab einem Alter von 25 Jahren. Erst ab einem Alter von 75 Jahren ist das volle Potenzial ihrer Samenentwicklung erreicht. Zudem müssen die Samen von Hand geerntet werden, daher sind sie vergleichsweise teuer!

Rösten Sie die Pinienkerne etwa zwei Minuten unter stetigem Rühren in einer beschichteten Pfanne.

---

1 Bund Basilikum, gehackt
2 Knoblauchzehen, gehackt
2 TL Olivenöl
1 EL Pinienkerne, geröstet
15 g Parmesan, frisch gerieben
60 g Gruyère, gerieben

375 g Camembert, entrindet und gewürfelt
1 EL Mehl
125 ml Rotwein

---

1. *Pesto:* Das Basilikum, den Knoblauch, das Olivenöl, die Pinienkerne und den Parmesan im Mixer zu einer feinen Masse pürieren.

2. Den Gruyère in eine Schüssel reiben, den Camembert entrinden, würfeln und dazugeben. Mit dem Mehl vermischen, bis der Käse vollständig bedeckt ist, und beiseitestellen.

3. Den Rotwein in einen großen Topf geben und bei mittlerer Hitze simmern lassen. Anschließend die Hitze reduzieren.

4. Die Käsemischung in kleinen Portionen nach und nach dazugeben und dabei jedes Mal mit einem Holzlöffel in Achterlinien rühren, bis der Käse geschmolzen ist. (Sollte das Fondue zu dünnflüssig sein, geben Sie noch etwas Mehl hinzu, je etwa einen Teelöffel, bis es die gewünschte Konsistenz erreicht hat.)

5. Den Topf vom Herd nehmen und das Pesto einrühren. In einen Fonduetopf umfüllen und sofort servieren.

Brie-Fondue
mit sonnengetrockneten Tomaten

3 EL sonnengetrocknete Tomaten, klein
geschnitten

250 g Brie, entrindet und gewürfelt

1 EL Speisestärke

1 EL Butter

1 Schalotte, gehackt

125 ml trockener Weißwein

1 EL Zucker

1. Die getrockneten Tomaten in kochendem Wasser etwa 20 Minuten
   einweichen. Abtropfen lassen, trockentupfen, klein hacken (oder mit
   einer Schere zerkleinern) und beiseitestellen.

2. Den Brie entrinden und würfeln und zusammen mit der Speisestärke
   in eine Schüssel geben. Gut vermischen, bis der Käse vollständig
   bedeckt ist, und beiseitestellen.

3. Die Butter in einen großen Topf geben und bei mittlerer Hitze zerlassen. Die Schalotten hinzugeben und weich dünsten. Den Weißwein
   hinzufügen und erhitzen (nicht kochen). Anschließend die Hitze
   reduzieren.

4. Die Käsemischung in kleinen Portionen nach und nach in den Topf
   geben und dabei jedes Mal mit einem Holzlöffel in Achterlinien
   rühren, bis der Käse geschmolzen ist.

5. Die getrockneten Tomaten und den Zucker hinzufügen und gut
   verrühren. In einen Fonduetopf umfüllen und sofort servieren.

Vorbereitung

Gehen Sie entsprechend der
Anweisungen in Schritt 2 vor.
Stellen Sie das Ganze bis zum
Gebrauch in den Kühlschrank.

Servieren mit ...

... Focaccia, Croissants,
französischen Brötchen.

Tipp

Entfernen Sie auf jeden Fall die Rinde
vom Brie. Sie schmilzt nicht sehr gut
und entwickelt ein unangenehm
strenges Aroma.

Echter Brie aus Frankreich eignet sich
für dieses Rezept am besten.

Getrocknete Tomaten sind im Supermarkt oder in Feinkostgeschäften
erhältlich.

Verwenden Sie eine Küchenschere
zum Zerkleinern der getrockneten,
eingeweichten Tomaten.

Brie-Fondue
mit karamellisierten Zwiebeln

1 EL Olivenöl

1 große Zwiebel, in feine Ringe geschnitten

1 EL Zucker

1 EL Balsamico

1 TL Worcestershire-Sauce

375 g Brie, entrindet und gewürfelt

1 EL Speisestärke

1 Knoblauchzehe, halbiert

175 ml trockener Weißwein

Vorbereitung

Gehen Sie entsprechend der Anweisungen in Schritt 2 vor. Stellen Sie das Ganze bis zum Gebrauch in den Kühlschrank.

Servieren mit …

… Focaccia, Baguette- oder Sauerteigbrotwürfeln, marinierten Pilzen, eingelegten Zwiebeln.

1. Das Olivenöl in einer beschichteten Pfanne bei niedriger Temperatur erhitzen. Die Zwiebelringe hinzufügen und etwa acht Minuten glasig dünsten. Den Zucker darüberstreuen, die Pfanne mit einem Deckel verschließen und weitere acht Minuten dünsten. Den Essig und die Worcestershire-Sauce hinzufügen und ohne Deckel etwa zwei Minuten köcheln lassen, bis die Zwiebeln karamellisiert sind.

2. Den Brie entrinden und würfeln und zusammen mit der Speisestärke in eine Schüssel geben. Gut vermischen, bis der Käse vollständig bedeckt ist, und beiseitestellen.

3. Einen großen Topf mit den Schnittflächen der Knoblauchzehe einreiben, den Knoblauch anschließend wegwerfen. Den Wein in den Topf geben und bei mittlerer Hitze simmern lassen. Anschließend die Hitze reduzieren.

4. Die Käsemischung in kleinen Portionen nach und nach dazugeben und dabei jedes Mal mit einem Holzlöffel in Achterlinien rühren, bis der Käse geschmolzen ist.

5. Die karamellisierten Zwiebelringe einrühren. In einen Fonduetopf umfüllen und sofort servieren.

Der Geschmack von karamellisierten Zwiebeln verbindet sich wunderbar mit dem Brie-Aroma.

Tipp

Verwenden Sie am besten Vidalia-Zwiebeln. Aufgrund ihrer feinen Süße ergeben sie die köstlichsten karamellisierten Zwiebeln.

Süßes Brie-Fondue

250 g Brie, entrindet und gewürfelt
1 EL Mehl
175 ml trockener Weißwein
3 EL brauner Zucker

1 TL Zimtpulver
2 EL Brandy

1. Den Brie entrinden und würfeln und zusammen mit dem Mehl in eine Schüssel geben. Gut vermischen, bis der Käse vollständig bedeckt ist, und beiseitestellen.

2. 125 Milliliter des Weißweins in einen großen Topf geben und bei mittlerer Hitze simmern lassen. Anschließend die Hitze reduzieren.

3. Den Käse in kleinen Portionen (jeweils ein Viertel) nach und nach in den Topf geben und dabei jedes Mal mit einem Holzlöffel in Achterlinien rühren, bis der Käse geschmolzen ist. Vor der letzten Zugabe desKäses den Zucker und den Zimt einrühren. Den restlichen Käse hinzufügen und schmelzen lassen.

4. Den Brandy in die Mischung einrühren. Sollte die Masse zu dickflüssig sein, noch etwas Wein nachgießen, bis die gewünschte Konsistenz erreicht ist. In einen Fonduetopf umfüllen und sofort servieren.

Vorbereitung

Gehen Sie entsprechend der Anweisungen in Schritt 1 vor. Stellen Sie das Ganze bis zum Gebrauch in den Kühlschrank.

Servieren mit ...

... gewürfeltem Baguette oder Sauerteigbrot (als Appetizer), Tassenkuchen, Apfelspalten, Löffelbiskuit und Orangenspalten (als Dessert).

Dieses Gericht eignet sich sehr gut als Nachtisch oder als süße Vorspeise. Servieren Sie kalten Weißwein dazu.

Ölfondues

Zutaten

Ölfondues sind einfach zuzubereiten. Für das Klassische Bœuf-Bourguignon-Fondue (siehe Seite 78) benötigt man zum Beispiel lediglich in Streifen oder in Würfel geschnittenes Rinderfilet, Öl und einige Dips.

Ich empfehle Ihnen, zarte Fleischstücke wie Rinder- oder Schweinefilet oder Lammlende zu verwenden. Fleisch von minderer Qualität ist zwar preiswerter, schmeckt aber auch nicht so gut.

Sie können selbst entscheiden, welches Öl Sie für das Fondue verwenden. Erdnussöl ist sehr zu empfehlen, da es erst bei einer höheren Temperatur zu rauchen beginnt. Allerdings ist es recht teuer. Pflanzenöl können Sie ebenso gut verwenden, zum Beispiel Rapsöl, Distelöl und Maisöl. Versuchen Sie auch einmal, mit Schmalz zu experimentieren.

Im Fonduetopf

Töpfe für Ölfondues müssen hitzebeständiger sein als für andere Fondues. Aus diesem Grund sollten Sie keinen Topf aus Keramik oder Steingut verwenden, sondern emaillierte Töpfe wie zum Beispiel aus Edelstahl oder Kupfer.

Sie können ein gebräuchliches Fondueset mit einem Spiritusbrenner verwenden, allerdings sind elektrische Fondues praktischer, da Sie das Öl direkt im Fonduetopf erhitzen und die Temperatur regulieren können. Bei konventionellen Fondues muss das Öl zunächst in einem Topf auf dem Herd auf 190 °C erhitzt werden, allerdings darf es nicht kochen. Um die Temperatur zu testen, geben Sie ein Stück Brot in das Öl. Nach spätestens 30 Sekunden sollte es goldbraun sein.

Platzieren Sie nun den Fonduetopf über die Flamme und setzen Sie den Spritzschutz ein. Gießen Sie dann das heiße Öl vorsichtig hinein. Der Fonduetopf sollte nur zur Hälfte gefüllt sein. Befüllen Sie nun den Spiritusbrenner entsprechend der Gebrauchsanweisung und entzünden Sie die Flamme mit einem Streichholz. Anschließend stellen Sie die Flamme auf die gewünschte Stärke ein.

Das Servieren eines Ölfondues

Geben Sie jedem Gast mehrere Fonduegabeln, normales Besteck und eine mit Küchenpapier ausgeschlagene kleine Schüssel, um überschüssiges Öl vom Fleisch abtropfen lassen zu können. Außerdem sollten Sie verschiedene Dips und Saucen bereitstellen.

Die Zutaten und das Metall der Fonduegabel werden sehr heiß, sobald man sie ins Öl taucht. Daher sollten Sie die Gabeln mit den Zutaten zunächst auf Küchenpapier abkühlen lassen. Schieben Sie dann die Häppchen von der Fonduegabel und essen Sie sie mit normalem Besteck.

Es sollten nicht mehr als sechs Fleischstücke gleichzeitig im Öl gegart werden, da es sonst zu sehr abkühlen würde. Bitten Sie Ihre Gäste, die fertig gegarten Fleischstücke aus dem Fonduetopf zu nehmen und – während das Fleisch abkühlt – ein weiteres Stück Fleisch aufzuspießen und in das Öl zu geben.

Falls das Fondue als Hauptgang serviert wird, sollten Sie pro Person etwa 125 bis 175 Gramm Fleisch oder Fisch bzw. Meeresfrüchte sowie einige Beilagen einplanen. Bei größerem Appetit können es auch schon einmal 175 bis 250 Gramm pro Person werden.

Saucen spielen beim Ölfondue eine wichtige Rolle. Am besten reichen Sie etwa vier verschiedene Dips zum Fondue. Sie können die Dips selbst zubereiten oder fertige Saucen und Dips im Supermarkt einkaufen. Sie sollten warm oder bei Zimmertemperatur serviert werden.

Platzieren Sie die Platte mit dem Fleisch, dem Fisch oder den Meeresfrüchten zentral auf Ihrem Tisch, sodass alle Gäste bequem zugreifen können. Fleisch und Geflügel sollten in Würfel oder in dünne Streifen geschnitten werden und Raumtemperatur angenommen haben, bevor sie gegart werden. Falls Sie das Fleisch zuvor mariniert haben, sollten Sie die überschüssige Marinade leicht mit einem Küchenpapier abtupfen, um Fettspritzer beim Eintauchen des Fleisches in das Öl zu vermeiden. Trockene Rubs verleihen einen großartigen Geschmack und haften gut am Fleisch. Die Zutaten sollten je nach Geschmack etwa ein bis zwei Minuten oder länger im Öl garen.

Klassisches Bœuf-Bourguignon-Fondue

Öl für das Fondue

500 g Rinderfilet, Raumtemperatur, pariert, in etwa 2 ½ cm große Stücke geschnitten

Vorbereitung

Schneiden Sie das Fleisch in etwa zweieinhalb Zentimeter große Stücke und verwahren Sie es bis zum Gebrauch im Kühlschrank.

Bereiten Sie die Dips zu.

Servieren mit …

… Süß-saurer Sauce, Thailändischer Erdnuss-Sauce, Wasabi-Mayonnaise, Aïoli.

1. Das Öl in einem Topf auf 190 °C erhitzen und in einen Fonduetopf füllen (oder direkt in einem elektrischen Fonduetopf erhitzen). Der Fonduetopf sollte nur halb voll sein.

2. Das Fleisch auf Fonduegabeln spießen und etwa ein bis zwei Minuten in das heiße Öl geben. Anschließend das Fleisch mit einem Küchenpapier abtupfen und nach Geschmack in die Sauce(n) tauchen.

Das Klassische Bœuf-Bourguignon-Fondue wird mit verschiedenen Dips serviert. Ob selbst gemacht oder fertig gekauft, sie sollten geschmacklich variieren und so z. B. süß, würzig, sauer oder sahnig sein.

Tipp

Verwenden Sie nur hochwertiges Fleisch (z. B. Rinderfilet) und entfernen Sie das Fett vor dem Verzehr.

Rindfleisch-Fondue
mit süß-saurer Marinade

Marinade

3 EL Pflanzenöl

3 EL Rotwein

2 EL Essig

1 EL brauner Zucker

1 EL Ketchup

1 Knoblauchzehe, gehackt

1 EL Ingwer, gehackt

½ TL Garam Masala

Salz und frisch gemahlener schwarzer Pfeffer nach Geschmack

500 g Rinderfilet, in dünne, etwa 2 ½ cm breite Streifen geschnitten

Öl für das Fondue

1. *Marinade:* In einer Schüssel das Öl, den Wein, den Essig, den braunen Zucker, den Ketchup, den Knoblauch, den Ingwer, das Garam Masala, zwei Esslöffel Wasser, etwas Salz und Pfeffer miteinander verquirlen.

2. Das Fleisch in eine flache Schüssel legen, die Marinade darübergeben und mit dem Fleisch vermengen, sodass es vollständig bedeckt ist. Zugedeckt mindestens eine Stunde im Kühlschrank ziehen lassen.

3. Das Öl in einem Topf auf 190 °C erhitzen und in einen Fonduetopf füllen (oder direkt in einem elektrischen Fonduetopf erhitzen). Der Fonduetopf sollte nur halb voll sein.

4. Die Fleischstreifen aus der Marinade nehmen und mit einem Küchenpapier abtupfen. Das Fleisch einrollen, auf Fonduegabeln spießen und etwa ein bis zwei Minuten frittieren, bis es gar ist.

Vorbereitung

Gehen Sie entsprechend der Anweisungen in Schritt 1 und 2 vor. Verwahren Sie das Fleisch bis zum Gebrauch im Kühlschrank.

Servieren mit …

… Asiatischem Saucen-Dip, Süßem-Senf-Dip, Thailändischer Erdnuss-Sauce, gebratenem Reis, gedünstetem Gemüse.

Tipp

Falls Sie keinen elektrischen Fondue-topf haben, benötigen Sie ein Koch-thermometer, um die Temperatur des Öls im Topf kontrollieren zu können. Lassen Sie das heiße Öl niemals unbeaufsichtigt.

Bevor Sie das Fleisch in das heiße Ölgeben, sollten Sie überschüssige Marinade mit einem Küchenpapier abtupfen, damit es nicht spritzt.

Karibisches Rindfleisch-Fondue

Vorbereitung
Gehen Sie entsprechend der Anweisungen in Schritt 1 bis 4 vor. Verwahren Sie das Fleisch bis zum Gebrauch im Kühlschrank.

Servieren mit …
… Meerrettich-Dip, Honig-Senf-Dip, Mango-Chutney.

60 g Mehl

1 TL Thymian, getrocknet

½ TL Chiliflocken, getrocknet

¼ TL Knoblauchpulver

Salz und frisch gemahlener schwarzer Pfeffer nach Geschmack

2 Eier

120 g Cornflakes, zerkrümelt

2 TL Kreuzkümmel, gemahlen

1 TL Koriandersamen, gemahlen

½ TL Ingwer, gerieben

¼ TL Piment, gemahlen

500 g Rinderlende oder Flank Steak, in dünne, etwa 2 ½ cm breite Streifen geschnitten

Öl für das Fondue

1. Das Mehl, den Thymian, die Chiliflocken, das Knoblauchpulver, etwas Salz und Pfeffer in einer Schüssel vermischen.

2. In einer weiteren Schüssel die Eier verquirlen.

3. In einer dritten Schüssel die Cornflakes mit dem Kreuzkümmel, dem Koriander, dem Ingwer und dem Piment vermengen.

4. Die Fleischstücke erst in die Mehlmischung, dann in die Eier und schließlich in die Cornflakes geben und auf eine Servierplatte legen.

5. Das Öl in einem Topf auf 190 °C erhitzen und in einen Fonduetopf füllen (oder direkt in einem elektrischen Fonduetopf erhitzen). Der Fonduetopf sollte nur halb voll sein.

6. Das Fleisch auf Fonduegabeln spießen und etwa ein bis zwei Minuten im heißen Fett frittieren, bis es goldbraun ist.

Tipp
Statt Rindfleisch können Sie auch Schweinefleisch oder Geflügel verwenden.

Rindfleisch-Fondue mit Ingwer

Marinade

50 ml Apfelessig

2 EL Chili-Sauce

2 EL Ingwer, kandiert, fein gehackt

1 EL Zuckerrübensirup

1 TL Currypulver

500 g Rinderfilet, in dünne, etwa
2 ½ cm breite Streifen geschnitten

Öl für das Fondue

1. *Marinade:* Den Essig, die Chili-Sauce, den Ingwer, den Sirup, das Currypulver und 50 Milliliter Wasser in einer Schüssel vermengen.

2. Das Fleisch in eine flache Schüssel legen, die Marinade darübergeben und mit dem Fleisch vermengen, sodass es vollständig bedeckt ist. Zugedeckt mindestens eine Stunde im Kühlschrank ziehen lassen.

3. Die Fleischstreifen aus der Marinade nehmen und mit einem Küchenpapier abtupfen. Das Fleisch auf einer Servierplatte anrichten und mit Petersilie und kandiertem Ingwer dekorieren.

4. Das Öl in einem Topf auf 190 °C erhitzen und in einen Fonduetopf füllen (oder direkt in einem elektrischen Fonduetopf erhitzen). Der Fonduetopf sollte nur halb voll sein.

5. Das Fleisch auf Fonduegabeln spießen und etwa ein bis zwei Minuten frittieren, bis es gar ist.

Vorbereitung

Gehen Sie entsprechend der Anweisungen in Schritt 1 und 2 vor. Verwahren Sie das Fleisch bis zum Gebrauch im Kühlschrank.

Servieren mit …

… Asiatischem Saucen-Dip, Sojasauce, Mango-Salsa oder -Chutney, Basmatireis, kurz in der Pfanne gedünstetem Gemüse.

Kandierter Ingwer gibt diesem Fondue ein spektakuläres Aroma.

Tipp

Entfernen Sie überschüssige Marinade, damit das Öl nicht spritzt.

Koreanisches Fondue

4 Portionen

Vorbereitung

Gehen Sie entsprechend der Anweisungen in Schritt 1 und 2 vor. Verwahren Sie das Fleisch bis zum Gebrauch im Kühlschrank.

Servieren mit …

… Asiatischem Saucen-Dip, Erdnuss-Sauce, Pflaumen-Sauce, Reiswaffeln (siehe Tipp, Seite 150), mit gedämpftem oder rohem Gemüse.

Tipp

Öl und Wasser lassen sich nicht vermischen, vor allem nicht, sobald das Öl heiß ist. Um Fettspritzer zu vermeiden, sollten Sie das Geflügelfleisch trockentupfen, bevor Sie es in das heiße Öl geben.

Marinade

2 EL Sojasauce

1 EL Frühlingszwiebeln, gehackt

2 Knoblauchzehen, gehackt

1 TL Zucker

½ TL Ingwer, gerieben

frisch gemahlener schwarzer Pfeffer nach Geschmack

500 g Flank Steak oder Hähnchenbrust, ohne Haut und Knochen, in dünne, etwa 2 ½ cm breite Streifen geschnitten

2 TL Sesamsamen, geröstet

Öl für das Fondue

1. *Marinade:* Die Sojasauce, die Frühlingszwiebeln, den Knoblauch, den Zucker, den Ingwer, zwei Esslöffel Wasser und etwas Pfeffer in einer Schüssel verrühren.

2. Das Fleisch in eine flache Schüssel legen, die Marinade darübergeben und mit dem Fleisch vermengen, sodass es vollständig bedeckt ist. Mit den Sesamsamen panieren. Zugedeckt mindestens zwei Stunden (Rindfleisch) bzw. mindestens eine Stunde (Geflügel) im Kühlschrank ziehen lassen.

3. Das Öl in einem Topf auf 190 °C erhitzen und in einen Fonduetopf füllen (oder direkt in einem elektrischen Fonduetopf erhitzen). Der Fonduetopf sollte nur halb voll sein.

4. Das Fleisch auf Fonduegabeln spießen und etwa ein bis zwei Minuten frittieren, bis es gar ist.

Rindfleisch-Fondue mit Ahornsirup

Marinade

125 ml Ahornsirup

1 EL Chili-Sauce

1 EL Worcestershire-Sauce

1 EL Rotwein-Essig

1 EL Zwiebelflocken, getrocknet

½ TL Senfpulver

Salz und frisch gemahlener schwarzer Pfeffer nach Geschmack

500 g Rinderfilet, in dünne, etwa 2 ½ cm breite Streifen geschnitten

Öl für das Fondue

1. *Marinade:* In einem kleinen Topf den Ahornsirup, die Chili-Sauce, die Worcestershire-Sauce, den Essig, die Zwiebelflocken, den Senf, etwas Salz und Pfeffer vermengen. Bei mittlerer Hitze aufkochen und etwa zwei Minuten unter gelegentlichem Umrühren köcheln lassen, bis die Sauce eingedickt ist. Beiseitestellen und abkühlen lassen, bis die Sauce lauwarm ist.

2. Das Fleisch in eine flache Schüssel legen, die Marinade darübergeben und mit dem Fleisch vermengen, sodass es vollständig bedeckt ist. Zugedeckt mindestens eine Stunde im Kühlschrank ziehen lassen.

3. Das Öl in einem Topf auf 190 °C erhitzen und in einen Fonduetopf füllen (oder direkt in einem elektrischen Fonduetopf erhitzen). Der Fonduetopf sollte nur halb voll sein.

4. Das Fleisch auf Fonduegabeln spießen und etwa ein bis zwei Minuten frittieren, bis es gar ist.

Vorbereitung

Gehen Sie entsprechend der Anweisungen in Schritt 1 und 2 vor. Verwahren Sie das Fleisch bis zum Gebrauch im Kühlschrank.

Servieren mit …

… Senf, Würziger Mayonnaise, Thailändischer Erdnuss-Sauce.

Wenn Sie Ahornsirup mögen, dann reichen Sie zu diesem Hauptgang doch einmal das Käsefondue mit Ahornsirup (siehe Seite 14) als Vorspeise.

Tipp

Da das Fleisch hier komplett mit der Marinade bedeckt ist, müssen Sie es vor der Zubereitung im Öl etwas trockentupfen.

Smoky-Beef-Nuggets-Fondue

Vorbereitung

Gehen Sie entsprechend der Anweisungen in Schritt 1 bis 3 vor. Verwahren Sie das Fleisch im Kühlschrank. Holen Sie es 20 Minuten vor dem Servieren heraus, damit es Raumtemperatur annehmen kann.

Servieren mit …

… Honig-Dill-Dip, Honig-Senf-Dip, Blauschimmelkäse-Dip, Aïoli mit roter Paprika.

60 g Mehl

60 g salzige Kräcker, zerkrümelt

60 g Parmesan, frisch gerieben (optional)

1 EL Pimentón

1 EL Zwiebelflocken, getrocknet

1 TL Cayennepfeffer

1 TL Knoblauchpulver

Salz und frisch gemahlener schwarzer Pfeffer nach Geschmack

2 Eier

500 g Rindfleisch aus der Flanke oder der Lende, in etwa 2 ½ cm große Stücke geschnitten.

Öl für das Fondue

1. Das Mehl, die Kräcker-Brösel, den Parmesan (optional), den Pimentón, die Zwiebelflocken, den Cayennepfeffer, das Knoblauchpulver, etwas Salz und Pfeffer in einer Schüssel vermengen.

2. In einer weiteren Schüssel die Eier verquirlen.

3. Die Fleischstücke einzeln in die Eiermasse geben, anschließend in der Mehlmischung wenden und auf einen Teller legen.

4. Das Öl in einem Topf auf 190 °C erhitzen und in einen Fonduetopf füllen (oder direkt in einem elektrischen Fonduetopf erhitzen). Der Fonduetopf sollte nur halb voll sein.

5. Die Fleischstücke auf Fonduegabeln spießen und etwa ein bis zwei Minuten frittieren, bis sie goldbraun sind.

Tipp

Statt Kräckern können Sie auch Paniermehl oder Semmelbrösel verwenden.

Statt Rindfleisch können Sie auch Puten- oder Hähnchenbrust ohne Haut und Knochen verwenden.

Rindfleisch- oder Geflügel-Fondue Teriyaki

Marinade

75 ml Sojasauce

50 ml Honig

2 EL Pflanzenöl

2 Knoblauchzehen, gehackt

1 ½ TL Ingwer, gerieben

1 TL Zwiebeln, fein gehackt

500 g Rinderfilet oder Hähnchenbrust, ohne Haut und Knochen, in dünne, etwa 2 ½ cm breite Streifen geschnitten.

Öl für das Fondue

1. *Marinade:* Die Sojasauce, den Honig, das Öl, den Knoblauch, den Ingwer und die Zwiebel in einer Schüssel vermengen.

2. Das Fleisch in eine flache Schüssel legen, die Marinade darübergeben und mit dem Fleisch vermengen, sodass es vollständig bedeckt ist. Zugedeckt mindestens eine Stunde im Kühlschrank ziehen lassen.

3. Das Öl in einem Topf auf 190 °C erhitzen und in einen Fonduetopf füllen (oder direkt in einem elektrischen Fonduetopf erhitzen). Der Fonduetopf sollte nur halb voll sein.

4. Das Fleisch aus der Marinade nehmen, abtropfen lassen und mit einem Küchenpapier trockentupfen. Auf Fonduegabeln spießen und etwa zwei Minuten im heißen Öl frittieren.

Vorbereitung

Gehen Sie entsprechend der Anweisungen in Schritt 1 und 2 vor. Verwahren Sie das Fleisch bis zum Gebrauch im Kühlschrank.

Servieren mit …

… Thailändischer Erdnuss-Sauce, klebrigem Reis und kurz gebratenem Gemüse.

Tipp

Sollte der Honig zu zähflüssig sein, erhitzen Sie ihn etwa 15 Sekunden bei niedriger Einstellung in der Mikrowelle.

Chinesisches Fondue mit paniertem Kalbfleisch

Vorbereitung

Gehen Sie entsprechend der Anweisungen in Schritt 1 bis 4 vor. Verwahren Sie das Fleisch im Kühlschrank. Holen Sie es 20 Minuten vor dem Servieren heraus, damit es Raumtemperatur annehmen kann.

Servieren mit …

… Pflaumen-Sauce, Thailändischer Erdnuss-Sauce, Süß-saurer Sauce.

120 g Mehl
½ TL Fünf-Gewürze-Pulver
¼ TL Knoblauchpulver
¼ TL Salz
1 Prise schwarzer Pfeffer, frisch gemahlen
2 Eier

500 g Kalbsschulter, in etwa 2 ½ cm große Stücke geschnitten
70 g Semmelbrösel
¼ TL Ingwerpulver
Öl für das Fondue

1. Das Mehl, das Gewürzpulver, das Knoblauchpulver, eine Prise Salz und Pfeffer in einer Schüssel vermischen.

2. In einer weiteren Schüssel die Eier verquirlen.

3. In einer dritten Schüssel die Semmelbrösel mit dem Ingwer vermengen.

4. Das Kalbfleisch einzeln in der Mehlmischung wälzen, dann in die Eiermasse geben, zum Schluss in den Semmelbröseln wenden und auf einen Teller legen.

5. Das Öl in einem Topf auf 190 °C erhitzen und in einen Fonduetopf füllen (oder direkt in einem elektrischen Fonduetopf erhitzen). Der Fonduetopf sollte nur halb voll sein.

6. Das Fleisch auf Fonduegabeln spießen und etwa ein bis zwei Minuten im heißen Öl goldbraun frittieren.

Tipp

Fünf-Gewürze-Pulver ist eine Mischung aus Anis, Zimt, Nelke, Szechuan-Pfeffer und Fenchel.

Gefüllte Kalbsröllchen

280 g Semmelbrösel

1 ½ TL Oregano, getrocknet

1 TL Estragon, getrocknet

1 TL Knoblauchpulver

Salz und frisch gemahlener schwarzer Pfeffer nach Geschmack

2 Eier

30 g Gruyère, in etwa 1 cm große Würfel geschnitten

500 g Kalbfleisch, in dünne, etwa 5 cm breite Streifen geschnitten.

Öl für das Fondue

1. In einer Schüssel die Semmelbrösel, den Oregano, den Estragon, das Knoblauchpulver, etwas Salz und Pfeffer vermischen.

2. In einer weiteren Schüssel die Eier verquirlen.

3. Auf jedes Stück Fleisch mittig einen Käsewürfel legen und die Fleischstreifen einrollen. Anschließend nach und nach in die Eiermasse geben und in der Semmelbrösel-Mischung wälzen.

4. Das Öl in einem Topf auf 190 °C erhitzen und in einen Fonduetopf füllen (oder direkt in einem elektrischen Fonduetopf erhitzen). Der Fonduetopf sollte nur halb voll sein.

5. Das Fleisch auf Fonduegabeln spießen und etwa zwei bis drei Minuten im heißen Öl goldbraun frittieren, bis das Fleisch gar ist.

Vorbereitung

Gehen Sie entsprechend der Anweisungen in Schritt 1 bis 3 vor. Verwahren Sie das Fleisch im Kühlschrank. Holen Sie es 20 Minuten vor dem Servieren heraus, damit es Raumtemperatur annehmen kann.

Servieren mit …

… Pflaumen-Sauce, Barbecue-Sauce, Aïoli.

Tipp

Kalbsschnitzel sind sehr zart und eignen sich deshalb besonders gut für dieses Rezept.

Wiener-Schnitzel-Nuggets

60 g Mehl

½ TL Knoblauchpulver

½ TL Salz

¼ TL schwarzer Pfeffer, frisch gemahlen

2 Eier

140 g Semmelbrösel

500 g Kalbsschnitzel, in etwa 2 ½ cm breite Streifen geschnitten

Öl für das Fondue

Vorbereitung

Gehen Sie entsprechend der Anweisungen in Schritt 1 bis 4 vor. Verwahren Sie das Fleisch im Kühlschrank. Nehmen Sie es 20 Minuten vor dem Servieren heraus, damit es Raumtemperatur annehmen kann.

Servieren mit …

… Zitronenspalten, Süß-saurer Sauce, Tonkatsu-Sauce.

1. Das Mehl, das Knoblauchpulver, das Salz und den Pfeffer in einer Schüssel vermischen.

2. In einer zweiten Schüssel die Eier verquirlen.

3. Die Semmelbrösel in eine dritte Schüssel geben.

4. Das Fleisch erst in die Mehlmischung und dann in die Eiermasse geben. Anschließend in den Semmelbröseln wenden und auf einen Teller legen.

5. Das Öl in einem Topf auf 190 °C erhitzen und in einen Fonduetopf füllen (oder direkt in einem elektrischen Fonduetopf erhitzen). Der Fonduetopf sollte nur halb voll sein.

6. Das Fleisch auf Fonduegabeln spießen und etwa ein bis zwei Minuten im heißen Öl goldbraun frittieren.

Wiener Schnitzel werden nur leicht gewürzt, damit der Geschmack des zarten Kalbfleisches zur Geltung kommt.

Tipp

Statt Kalbfleisch können Sie auch Rinderfilet verwenden.

Fondue mit italienischen Fleischbällchen

250 g Hackfleisch vom Kalb

250 g mageres Hackfleisch vom Rind

45 g Semmelbrösel

1 Ei, verquirlt

1 Knoblauchzehe, gehackt

1 EL Basilikum, gehackt (oder
1 TL getrocknetes)

1 EL Petersilie, gehackt (oder
1 TL getrocknete)

1 TL Italienische Gewürzmischung

1 TL Zwiebelflocken, getrocknet

Salz und frisch gemahlener schwarzer
Pfeffer nach Geschmack

Öl für das Fondue

Vorbereitung
Gehen Sie entsprechend der Anweisungen in Schritt 1 und 2 vor.

1. Das Hackfleisch, die Semmelbrösel, das Ei, den Knoblauch, das Basilikum, die Petersilie, die Italienische Gewürzmischung, die Zwiebelflocken, etwas Salz und Pfeffer in eine Schüssel geben und gut vermischen. Mit den Händen etwa 40 Fleischbällchen mit einem Durchmesser von etwa zweieinhalb Zentimetern formen.

2. Die Fleischbällchen auf Backpapier legen. Falls diese nicht sofort frittiert werden sollen, in den Kühlschrank stellen und 15 Minuten vor dem Garen wieder herausnehmen und Raumtemperatur annehmen lassen.

3. Das Öl in einem Topf auf 190 °C erhitzen und in einen Fonduetopf füllen (oder direkt in einem elektrischen Fonduetopf erhitzen). Der Fonduetopf sollte nur halb voll sein.

4. Die Fleischbällchen auf Fonduegabeln spießen und etwa vier Minuten frittieren, bis sie gar sind.

Servieren mit …
… Gremolata, Honig-Senf-Dip, Aïoli mit roter Paprika.

Fondue mit mexikanischen Fleischbällchen

500 g mageres Hackfleisch vom Rind

140 g Semmelbrösel

75 ml Chili-Sauce

1 Ei, verquirlt

1 Knoblauchzehe, gehackt

2 EL Koriander, fein gehackt

1 TL Zwiebelflocken, getrocknet

1 Prise Cayennepfeffer

Salz und frisch gemahlener schwarzer Pfeffer nach Geschmack

Öl für das Fondue

Vorbereitung

Gehen Sie entsprechend der Anweisungen in Schritt 1 und 2 vor.

Servieren mit …

… Guacamole, Sauerrahm, Blauschimmelkäse-Dip, Salsa Verde.

1. In einer großen Schüssel das Hackfleisch, die Semmelbrösel, die Chili-Sauce, das Ei, den Knoblauch, den Koriander, die Zwiebelflocken, den Cayennepfeffer, etwas Salz und schwarzen Pfeffer vermischen. Mit den Händen etwa 40 Fleischbällchen mit einem Durchmesser von etwa zweieinhalb Zentimetern formen.

2. Die Fleischbällchen auf Backpapier legen. Falls diese nicht sofort frittiert werden, in den Kühlschrank stellen und 15 Minuten vor dem Garen wieder herausnehmen und Raumtemperatur annehmen lassen.

3. Das Öl in einem Topf auf 190 °C erhitzen und in einen Fonduetopf füllen (oder direkt in einem elektrischen Fonduetopf erhitzen). Der Fonduetopf sollte nur halb voll sein.

4. Die Fleischbällchen auf Fonduegabeln spießen und etwa vier Minuten frittieren, bis sie gar sind.

Tipp

Geben Sie etwas mehr Cayennepfeffer hinzu oder lassen Sie ihn ganz weg – je nachdem, wie scharf Sie es mögen.

Fondue mit marokkanischen Fleischbällchen

500 g Hackfleisch vom Lamm

110 g Instant-Couscous, gekocht

1 Ei, verquirlt

1 Knoblauchzehe, gehackt

2 EL Zwiebeln, fein gehackt

1 EL Petersilie, gehackt

½ TL Koriander, getrocknet

¼ TL Kreuzkümmel, gemahlen

¼ TL Ingwer, gerieben

1 Prise Zimtpulver

1 Prise Piment

1 Prise Cayennepfeffer

Salz und frisch gemahlener schwarzer Pfeffer nach Geschmack

Öl für das Fondue

Vorbereitung

Bereiten Sie den Couscous zu.

Gehen Sie entsprechend der Anweisungen in Schritt 1 und 2 vor.

Servieren mit …

… Tomaten-Curry-Sauce, Hummus, Koriander-Coulis, Dip mit gerösteter roter Paprika.

1. In einer großen Schüssel das Hackfleisch, den Couscous, das Ei, den Knoblauch, die Zwiebeln, die Petersilie, den Koriander, den Kreuzkümmel, den Ingwer, das Zimtpulver, den Piment, den Cayennepfeffer, etwas Salz und schwarzen Pfeffer vermischen. Mit den Händen etwa 40 Fleischbällchen mit einem Durchmesser von etwa zweieinhalb Zentimetern formen.

2. Die Fleischbällchen auf Backpapier legen. Falls diese nicht sofort frittiert werden sollen, in den Kühlschrank stellen und 15 Minuten vor dem Garen wieder herausnehmen und Raumtemperatur annehmen lassen.

3. Das Öl in einem Topf auf 190 °C erhitzen und in einen Fonduetopf füllen (oder direkt in einem elektrischen Fonduetopf erhitzen). Der Fonduetopf sollte nur halb voll sein.

4. Die Fleischbällchen auf Fonduegabeln spießen und etwa vier Minuten im heißen Öl frittieren.

Wenn Sie auf Ihre Gesundheit achten und sich salzarm ernähren wollen, ist dieses Fondue genau das Richtige für Sie. Für die Fleischbällchen werden viele Kräuter und Gewürze verwendet, sodass Sie nur wenig Salz zum Würzen benötigen.

Würstchen-Fondue mit Tomatensauce

Vorbereitung

Bereiten Sie die Tomatensauce vorher zu und wärmen Sie sie anschließend bei geringer Hitze wieder auf.

Servieren mit …

… frisch geriebenem Parmesan (auf die Würstchen mit der Tomatensauce gestreut), Pasta und Salat.

Tomatensauce

2 TL Olivenöl

1 Zwiebel, gehackt

2 Knoblauchzehen, gehackt

1 Dose (400 g) gehackte Tomaten

1 ½ TL Zucker

1 EL Oregano, gehackt

1 EL Basilikum, gehackt

¼ TL Chiliflocken

Salz und frisch gemahlener schwarzer Pfeffer nach Geschmack

Öl für das Fondue

500 g Salsiccia, in etwa 2 ½ cm große Stücke geschnitten

1. *Tomatensauce:* In einem großen Topf das Olivenöl erhitzen. Die Zwiebel hinzufügen und etwa drei Minuten dünsten. Den Knoblauch hinzugeben und weitere zwei Minuten dünsten, bis die Zwiebeln glasig sind. Die Tomaten hinzufügen, unter gelegentlichem Rühren aufkochen lassen und anschließend die Hitze reduzieren. Den Zucker, den Oregano, das Basilikum, die Chiliflocken, etwas Salz und Pfeffer einrühren. Ohne Deckel 20 Minuten leise köcheln lassen.

2. Die Tomatensauce in einen Fonduetopf aus Steingut oder Edelstahl umfüllen und die Fondueflamme auf kleinster Stufe brennen lassen.

3. Das Öl in einem Topf auf 190 °C erhitzen und in einen Fonduetopf füllen (oder direkt in einem elektrischen Fonduetopf erhitzen). Der Fonduetopf sollte nur halb voll sein.

4. Die Salsiccia-Stücke auf Fonduegabeln spießen, etwa zwei Minuten in das heiße Öl geben und anschließend in die Tomatensauce tauchen.

Tipp

Ersetzen Sie die scharfen Würstchen durch milde, falls Sie es weniger scharf mögen.

Falls Sie keine zwei Fonduetöpfe haben, können Sie auch eine Heizplatte verwenden, um die Tomatensauce warmzuhalten.

Falls Sie keine frischen Kräuter zur Hand haben, können Sie je einen Teelöffel getrocknete Kräuter verwenden.

Fondue mit Salsiccia-Fleischbällchen

250 g Salsiccia, ohne Pelle, klein geschnitten

½ Zwiebel, gehackt

1 Knoblauchzehe, gehackt

60 g eingelegtes Gemüse, fein gehackt

70 g Frischkäse

1 EL Dijon-Senf

½ TL Paprikapulver

1 Prise schwarzer Pfeffer, frisch gemahlen

30 g Mehl

2 Eier

140 g Semmelbrösel

Öl für das Fondue

1. In einer Pfanne das Brät, die Zwiebel und den Knoblauch anbraten, bis das Brät gar ist. Das Fett abgießen, das gehackte Gemüse dazugeben und beiseitestellen.

2. Den Frischkäse, den Senf, das Paprikapulver und etwas Pfeffer in einer Schüssel verrühren, zum Brät geben und gut vermischen. Anschließend 15 Minuten in den Kühlschrank stellen.

3. Das Mehl auf einen Teller geben. In einer Schüssel die Eier verquirlen und auf einen weiteren Teller die Semmelbrösel verteilen.

4. Mit den Händen Kugeln aus der Fleischmasse formen. Diese zunächst im Mehl wenden, dann in die Eiermasse geben und anschließend in den Semmelbröseln wälzen. In den Kühlschrank stellen. 15 Minuten vor dem Servieren herausnehmen, damit die Fleischbällchen Raumtemperatur annehmen können.

5. Das Öl in einem Topf auf 190 °C erhitzen und in einen Fonduetopf füllen (oder direkt in einem elektrischen Fonduetopf erhitzen). Der Fonduetopf sollte nur halb voll sein.

6. Die Fleischbällchen auf Fonduegabeln spießen und etwa zwei Minuten in das heiße Öl geben, bis sie goldbraun sind.

Vorbereitung

Gehen Sie entsprechend der Anweisungen in Schritt 1 bis 4 vor. Verwahren Sie das Fleisch im Kühlschrank und nehmen Sie es 20 Minuten vor dem Frittieren heraus, damit es Raumtemperatur annehmen kann.

Servieren mit …

… Süß-saurer Sauce, Dijonnaise, Tomaten-Curry-Sauce.

Tipp

Für die Zubereitung von Hackfleisch-bällchen verwenden Sie am besten etwas größere Fonduegabeln, dann halten die Fleischbällchen besser.

Probieren Sie dieses Rezept auch einmal mit Hackfleisch von der Pute statt mit Würstchen.

Cajun-Schweinefleisch

4 Portionen

Vorbereitung

Gehen Sie entsprechend der Anweisungen in Schritt 1 bis 4 vor. Verwahren Sie das Fleisch im Kühlschrank. Nehmen Sie es 20 Minuten vor dem Servieren wieder heraus, damit es Raumtemperatur annehmen kann.

Servieren mit …

… Honig-Dill-Dip, Blauschimmelkäse-Dip, Honig-Senf-Dip.

30 g Mehl
¼ TL Zwiebelpulver
¼ TL Knoblauchpulver
Salz und frisch gemahlener schwarzer Pfeffer nach Geschmack
2 Eier
140 g Semmelbrösel

1 EL Cajun-Gewürzmischung
1 EL Zwiebelflocken, getrocknet
500 g Schweinefilet, pariert, in etwa 2 ½ cm große Stücke geschnitten
Öl für das Fondue

1. In einer großen Schüssel das Mehl, das Zwiebel- und das Knoblauchpulver, etwas Salz und schwarzen Pfeffer vermischen.

2. In einer weiteren Schüssel die Eier verquirlen.

3. Die Semmelbrösel mit der Cajun-Gewürzmischung und den Zwiebelflocken in einer dritten Schüssel mischen.

4. Die Fleischstücke erst in der Mehlmischung wenden, dann in die Eier geben und anschließend in den Semmelbröseln wälzen.

5. Das Öl in einem Topf auf 190 °C erhitzen und in einen Fonduetopf füllen (oder direkt in einem elektrischen Fonduetopf erhitzen). Der Fonduetopf sollte nur halb voll sein.

6. Die Fleischstücke auf Fonduegabeln spießen und etwa ein bis zwei Minuten goldbraun frittieren.

Tipp

Statt Semmelbröseln können Sie auch Salz-Kräcker verwenden, die Sie im Mixer zerkleinern.

Alternativ können Sie auch Putenfleisch oder Hähnchenbrust verwenden.

Pizza-Fondue (Seite 37)

Mozzarella-Fondue mit gerösteter roter Paprika (Seite 38)

Frischkäse-Fondue mit Räucherlachs (Seite 44)

Camembert-Fondue mit wilden Pilzen (Seite 49)

Karibisches Rindfleisch-Fondue (Seite 58)
mit Honig-Senf-Dip (Seite 187)

Fondue mit mexikanischen Fleischbällchen (Seite 68) mit
Blauschimmelkäse-Dip (Seite 182) und Salsa Verde (Seite 185)

Würstchen-Fondue mit Tomatensauce (Seite 70)

Schweinefleisch mit Kreuzkümmel

Würzung

1 ½ EL Kreuzkümmelsamen

1 EL Koriander, gemahlen

2 Knoblauchzehen, gehackt

1 ½ EL Olivenöl

2 TL Chili-Sauce

500 g Schweinefilet, pariert, in etwa 2 ½ cm große Würfel geschnitten

Salz und frisch gemahlener schwarzer Pfeffer nach Geschmack

Öl für das Fondue

1. *Würzung:* Den Kreuzkümmel, den Koriander, den Knoblauch, das Olivenöl und die Chili-Sauce in eine Schüssel geben und gut vermischen, bis eine glatte Paste entsteht.

2. Das gewürfelte Schweinefleisch mit Salz und Pfeffer würzen und mit der Paste bestreichen. Zugedeckt mindestens eine Stunde im Kühlschrank ziehen lassen.

3. Das Öl in einem Topf auf 190 °C erhitzen und in einen Fonduetopf füllen (oder direkt in einem elektrischen Fonduetopf erhitzen). Der Fonduetopf sollte nur halb voll sein.

4. Das Schweinefleisch auf Fonduegabeln spießen und etwa ein bis zwei Minuten frittieren.

Vorbereitung

Gehen Sie entsprechend der Anweisungen in Schritt 1 und 2 vor. Verwahren Sie das Fleisch bis zum Gebrauch im Kühlschrank.

Servieren mit …

… Thailändischer Erdnuss-Sauce, Pflaumen-Sauce, Aïoli.

Tipp

Garnieren Sie die das Schweinefleisch auf der Servierplatte mit frischem Koriander.

Sie können auch Rindfleisch statt Schweinefleisch verwenden, allerdings schmeckt Kreuzkümmel zu Schwein einfach besser.

Da die Würzung des Fleisches eher einem Rub ähnelt als einer Marinade, muss das Fleisch vor dem Frittieren nicht abgetupft werden.

Hawaiianisches Schweinefleisch

4 Portionen

Vorbereitung

Gehen Sie entsprechend der Anweisungen in Schritt 1 und 2 vor. Verwahren Sie das Fleisch bis zum Gebrauch im Kühlschrank.

Servieren mit …

… der restlichen Marinade zum Dippen, Mango-Salsa oder -Chutney, Thailändischer Erdnuss-Sauce, Aïoli.

Tipp

Versuchen Sie dieses Rezept auch einmal mit Hähnchen- statt mit Schweinefleisch.

Geben Sie zwei Esslöffel Kokosflocken in die Marinade.

Marinade

1 Dose (540 ml) Ananasstücke, mit Saft

2 Zwiebeln, fein gehackt

125 ml Honig

50 ml Essig

1 EL Sojasauce

3 Knoblauchzehen, gehackt

1 EL Ingwer, fein gehackt

1 TL Koriander, gemahlen

1 TL Speisestärke

Salz und frisch gemahlener schwarzer Pfeffer nach Geschmack

500 g Schweinefilet, in etwa 2 ½ cm große Stücke geschnitten

Öl für das Fondue

1. *Marinade:* Die Ananas, die Zwiebeln, den Honig, den Essig, die Sojasauce, den Knoblauch, den Ingwer, den Koriander, die Speisestärke, etwas Salz und Pfeffer in eine Pfanne geben und bei mittlerer Stufe erhitzen. So lange rühren, bis der Honig geschmolzen und alle Zutaten gut vermischt sind. Beiseitestellen und abkühlen lassen.

2. Das Fleisch in eine flache Schüssel geben, mit 300 Millilitern Marinade begießen und vermischen, bis das Fleisch vollständig bedeckt ist. Zugedeckt mindestens eine Stunde im Kühlschrank ziehen lassen. Die restliche Marinade als Dip aufbewahren.

3. Das Öl in einem Topf auf 190 °C erhitzen und in einen Fonduetopf füllen (oder direkt in einem elektrischen Fonduetopf erhitzen). Der Fonduetopf sollte nur halb voll sein.

4. Das Fleisch aus der Marinade nehmen, abtropfen lassen und mit einem Küchenpapier trockentupfen. Auf Fonduegabeln spießen und etwa ein bis zwei Minuten frittieren, bis es gar ist.

Mit Ahornsirup glasierte Schweinemedaillons

4 Portionen

Marinade
50 ml Ahornsirup
1 EL Pflanzenöl
1 EL Dijon-Senf
3 Knoblauchzehen, gehackt
¼ TL schwarzer Pfeffer, frisch gemahlen

500 g Schweinefilet, in dünne, etwa
2 ½ cm breite Streifen geschnitten

Öl für das Fondue

1. *Marinade:* Den Ahornsirup, das Öl, den Senf, den Knoblauch und den Pfeffer in einer Schüssel verrühren.

2. Das Fleisch in eine flache Schüssel legen, die Marinade darübergeben und mit dem Fleisch vermengen, sodass es vollständig bedeckt ist. Zugedeckt mindestens eine Stunde im Kühlschrank ziehen lassen.

3. Das Fleisch aus der Marinade nehmen, abtropfen lassen und mit einem Küchenpapier trockentupfen. Aufrollen und auf einem Teller beiseitestellen.

4. Das Öl in einem Topf auf 190 °C erhitzen und in einen Fonduetopf füllen (oder direkt in einem elektrischen Fonduetopf erhitzen). Der Fonduetopf sollte nur halb voll sein.

5. Die Schweinefleischröllchen auf Fonduegabeln spießen und etwa ein bis zwei Minuten frittieren, bis das Fleisch gar ist.

Vorbereitung
Gehen Sie entsprechend der Anweisungen in Schritt 1 und 2 vor. Verwahren Sie das Fleisch bis zum Gebrauch im Kühlschrank.

Servieren mit …
… Meerrettich-Dip, Tonkatsu-Sauce, Aïoli mit roter Paprika.

Dieses Fondue ist ein süßes, pikantes Hauptgericht.

Tipp
Sie können auch Rindfleisch oder Geflügel statt Schweinefleisch verwenden.

Reiner Ahornsirup ist ein Muss bei diesem Gericht.

Saté mit Schweinefleisch

Vorbereitung

Gehen Sie entsprechend der Anweisungen in Schritt 1 und 2 vor. Verwahren Sie das Fleisch bis zum Gebrauch im Kühlschrank.

Servieren mit …

… Tonkatsu-Sauce, Tomaten-Curry-Sauce, Asiatischem Saucen-Dip.

Grobe Erdnussbutter ergänzt dieses Rezept wunderbar.

Tipp

Sie können das Schweinefleisch auch durch Hähnchenbrust ohne Haut und Knochen ersetzen.

Marinade

2 Knoblauchzehen, gehackt

2 EL grobe Erdnussbutter

1 EL Limettensaft, frisch gepresst

1 TL brauner Zucker

½ TL Koriander, gemahlen

½ TL Kreuzkümmel, gemahlen

¼ TL Chiliflocken

125 ml Sojasauce

500 g Schweinefilet, in dünne, etwa 2 ½ cm breite Streifen geschnitten

Öl für das Fondue

1. *Marinade:* Den Knoblauch, die Erdnussbutter, den Limettensaft, den Zucker, den Koriander, den Kreuzkümmel und die Chiliflocken in eine Schüssel geben und vermischen. Nach und nach die Sojasauce einrühren.

2. Das Fleisch in eine flache Schüssel legen, die Marinade darübergeben und mit dem Fleisch vermengen, sodass es vollständig bedeckt ist. Zugedeckt mindestens eine Stunde im Kühlschrank ziehen lassen.

3. Das Fleisch aus der Marinade nehmen, abtropfen lassen und mit einem Küchenpapier trockentupfen. Das Schweinefleisch aufrollen und auf einem Teller beiseitestellen.

4. Das Öl in einem Topf auf 190 °C erhitzen und in einen Fonduetopf füllen (oder direkt in einem elektrischen Fonduetopf erhitzen). Der Fonduetopf sollte nur halb voll sein.

5. Das Schweinefleisch auf Fonduegabeln spießen und etwa ein bis zwei Minuten frittieren, bis das Fleisch gar ist.

Vindaloo mit Schweinefleisch

Marinade

2 EL Essig

2 Knoblauchzehen, gehackt

2 TL Garam Masala

2 TL brauner Zucker

1 TL Ingwer, gehackt

1 TL Chiliflocken

1 TL Salz

1 TL Kreuzkümmelsamen (optional)

500 g Schweinefilet, in etwa 2 ½ cm großе Stücke geschnitten

Öl für das Fondue

1. *Marinade:* Den Essig, den Knoblauch, das Garam Masala, den Zucker, die Chiliflocken, das Salz, den Kreuzkümmel (optional) und zwei Esslöffel Wasser in einen Mixer geben und zu einer glatten Paste pürieren.

2. Das Fleisch in eine flache Schüssel legen, die Marinade darübergeben und mit dem Fleisch vermengen, sodass es vollständig bedeckt ist. Zugedeckt mindestens eine Stunde im Kühlschrank ziehen lassen.

3. Das Öl in einem Topf auf 190 °C erhitzen und in einen Fonduetopf füllen (oder direkt in einem elektrischen Fonduetopf erhitzen). Der Fonduetopf sollte nur halb voll sein.

4. Das Schweinefleisch auf Fonduegabeln spießen und etwa ein bis zwei Minuten frittieren, bis das Fleisch gar ist.

Vorbereitung

Gehen Sie entsprechend der Anweisungen in Schritt 1 und 2 vor. Verwahren Sie das Fleisch bis zum Gebrauch im Kühlschrank.

Servieren mit …

… Süß-saurer Sauce, Thailändischer Erdnuss-Sauce, Joghurt-Dip mit Minze.

Tipp

Die asiatische Gewürzmischung beinhaltet Kreuzkümmel, Koriander, Kardamom, Gewürznelken, schwarzen Pfeffer und Muskatnuss.

Tonkatsu – japanische Schweineschnitzel

500 g Schweineschnitzel, in etwa
2 ½ cm breite Streifen geschnitten

Salz und frisch gemahlener schwarzer
Pfeffer nach Geschmack

60 g Mehl

1 Ei

80 g Pankomehl oder Semmelbrösel

Öl für das Fondue

Vorbereitung

Gehen Sie entsprechend der Anweisungen in Schritt 1 bis 5 vor. Verwahren Sie das Fleisch bis zum Gebrauch im Kühlschrank.

Servieren mit …

… Tonkatsu-Sauce, Zitronenspalten, Asiatischem Saucen-Dip, Wasabi-Mayonnaise.

1. Das Fleisch mit Salz und Pfeffer würzen und eine Stunde in den Kühlschrank stellen.

2. Das Mehl in eine Schüssel geben.

3. Das Ei in einer weiteren Schüssel verquirlen.

4. Das Pankomehl oder die Semmelbrösel in eine dritte Schüssel geben.

5. Die einzelnen Fleischstücke erst in das Mehl, dann in die Eiermasse und schließlich in das Pankomehl bzw. die Semmelbrösel geben. Die panierten Fleischstücke beiseitestellen.

6. Das Öl in einem Topf auf 190 °C erhitzen und in einen Fonduetopf füllen (oder direkt in einem elektrischen Fonduetopf erhitzen). Der Fonduetopf sollte nur halb voll sein.

7. Das Fleisch auf Fonduegabeln spießen und etwa ein bis zwei Minuten goldbraun frittieren.

Tonkatsu serviert man mit dünn geschnittenem Kohl, der vorher in Wasser eingeweicht wird. Dazu wird Tonkatsu-Sauce gereicht (siehe Seite 189), die man über das Fleisch und den Kohl träufelt.

Tipp

Sie können auch Hähnchen- oder Truthahnschnitzel statt Schweinefleisch verwenden.

Lamm-Fondue mit Dijon-Senf und Rosmarin

Marinade

3–4 EL Dijon-Senf

2 EL Weißweinessig

1 EL Rosmarin, gehackt

1 EL Zwiebelflocken, getrocknet

1 TL Knoblauchpulver

Salz und frisch gemahlener schwarzer Pfeffer nach Geschmack

500 g Lammlende oder -keule, in etwa 2 ½ cm große Stücke geschnitten

Öl für das Fondue

Vorbereitung

Gehen Sie entsprechend der Anweisungen in Schritt 1 und 2 vor. Verwahren Sie das Fleisch bis zum Gebrauch im Kühlschrank.

Servieren mit …

… Tzatziki, Gremolata, Dip mit gerösteter roter Paprika.

1. *Marinade:* Den Senf, den Essig, den Rosmarin, die Zwiebelflocken, das Knoblauchpulver, etwas Salz und Pfeffer in eine Schüssel geben und vermengen.

2. Das Fleisch in eine flache Schüssel legen, die Marinade darübergeben und mit dem Fleisch vermengen, sodass es vollständig bedeckt ist. Zugedeckt mindestens eine Stunde im Kühlschrank ziehen lassen.

3. Das Öl in einem Topf auf 190 °C erhitzen und in einen Fonduetopf füllen (oder direkt in einem elektrischen Fonduetopf erhitzen). Der Fonduetopf sollte nur halb voll sein.

4. Das Lammfleisch auf Fonduegabeln spießen und etwa ein bis zwei Minuten frittieren, bis es gar ist.

Geflügel-Salsiccia-Häppchen

4 bis 6 Portionen

Vorbereitung

Gehen Sie entsprechend der Anweisungen in Schritt 1 bis 4 vor. Verwahren Sie das Fleisch bis zum Gebrauch im Kühlschrank. Nehmen Sie es 20 Minuten vor dem Servieren heraus, damit es Raumtemperatur annehmen kann.

Servieren mit …

… scharfem Senf, Pflaumen-Sauce, Meerrettich-Dip, Honig-Dill-Dip.

500 g Hähnchenbrust, ohne Haut und Knochen, in kleine Schnitzel geschnitten

250 g Salsiccia, ohne Pelle, zerkleinert

100 g salzige Kräcker, grob zerrieben

1 TL Italienische Gewürzmischung

½ TL Knoblauchpulver

Salz und frisch gemahlener schwarzer Pfeffer nach Geschmack

2 Eier

Öl für das Fondue

1. Die Hähnchenschnitzel auf die Arbeitsplatte legen und einige Teelöffel des zerkleinerten Wurstbrät darübergeben, einrollen und in etwa 2 ½ cm große Stücke schneiden. Die Enden zusammendrücken, damit das Brät nicht austreten kann.

2. In einer Schüssel die zerriebenen Kräcker mit der Italienischen Gewürzmischung, dem Knoblauchpulver, etwas Salz und Pfeffer vermischen.

3. In einer weiteren Schüssel die Eier verquirlen.

4. Die einzelnen Fleischstücke in die Eier tauchen und in der Kräckermischung wenden.

5. Das Öl in einem Topf auf 190 °C erhitzen und in einen Fonduetopf füllen (oder direkt in einem elektrischen Fonduetopf erhitzen). Der Fonduetopf sollte nur halb voll sein.

6. Das Fleisch auf Fonduegabeln spießen und etwa ein bis zwei Minuten goldbraun frittieren.

Tipp

Schneiden Sie die Hähnchenbrüste horizontal in Schnitzel oder fragen Sie Ihren Metzger nach Hähnchenschnitzeln.

Chicken Nuggets

30 g Mehl

¼ TL Knoblauchpulver

Salz und frisch gemahlener schwarzer Pfeffer nach Geschmack

2 Eier

140 g Semmelbrösel

½ TL Senfpulver

½ TL Paprikapulver

1 Prise Cayennepfeffer

500 g Hähnchenbrust, ohne Haut und Knochen, in etwa 2 ½ cm große Würfel geschnitten

Öl für das Fondue

1. Das Mehl, das Knoblauchpulver, etwas Salz und Pfeffer in eine Schüssel geben und vermengen.

2. In einer weiteren Schüssel die Eier verquirlen.

3. In einer dritten Schüssel die Semmelbrösel mit dem Senfpulver, dem Paprikapulver und dem Cayennepfeffer mischen.

4. Die Hähnchenwürfel erst im Mehl wenden, dann in die Eiermasse tauchen und anschließend in der Semmelbröselmischung wälzen. Auf einen Teller legen und beiseitestellen.

5. Das Öl in einem Topf auf 190 °C erhitzen und in einen Fonduetopf füllen (oder direkt in einem elektrischen Fonduetopf erhitzen). Der Fonduetopf sollte nur halb voll sein.

6. Das Fleisch auf Fonduegabeln spießen und etwa ein bis zwei Minuten goldbraun frittieren, bis es gar ist.

Vorbereitung

Gehen Sie entsprechend der Anweisungen in Schritt 1 bis 4 vor. Verwahren Sie das Fleisch bis zum Gebrauch im Kühlschrank. Nehmen Sie es 20 Minuten vor dem Servieren heraus, damit es Raumtemperatur annehmen kann.

Servieren mit …

… Süß-saurer Sauce, Honig-Dill-Sauce, Barbecue-Sauce.

Tipp

Statt Semmelbrösel können Sie auch fein zerriebene, salzige Kräcker verwenden.

Paniertes Hähnchen auf italienische Art

2 Knoblauchzehen, gehackt

2 EL Pistazien, fein gehackt

140 g Semmelbrösel

1 TL Chiliflocken

1 TL Basilikum, getrocknet

1 TL Oregano, getrocknet

1 EL Parmesan, frisch gerieben

Salz und frisch gemahlener schwarzer Pfeffer nach Geschmack

2 Eier, verquirlt

500 g Hähnchenbrust, ohne Haut und Knochen, in etwa 2 ½ cm große Würfel geschnitten

Öl für das Fondue

1. Den Knoblauch und die Pistazien in einem Mixer zerkleinern und anschließend in eine Schüssel geben. Die Semmelbrösel hinzugeben und gut vermengen. Mit den Chiliflocken, dem Basilikum, dem Oregano, etwas Salz und Pfeffer würzen und den geriebenen Parmesan unterrühren.

2. In einer weiteren Schüssel die Eier verquirlen.

3. Die Hähnchenwürfel in die Eiermasse tauchen und anschließend in der Semmelbröselmischung wenden. Auf einen Teller legen und beiseitestellen.

4. Das Öl in einem Topf auf 190 °C erhitzen und in einen Fonduetopf füllen (oder direkt in einem elektrischen Fonduetopf erhitzen). Der Fonduetopf sollte nur halb voll sein.

5. Die panierten Hähnchenwürfel auf Fonduegabeln spießen und etwa ein bis zwei Minuten goldbraun frittieren, bis das Fleisch gar ist.

Vorbereitung

Gehen Sie entsprechend der Anweisungen in Schritt 1 bis 3 vor. Verwahren Sie das Fleisch bis zum Gebrauch im Kühlschrank. Nehmen Sie es 20 Minuten vor dem Servieren heraus, damit es Raumtemperatur annehmen kann.

Servieren mit …

… Aïoli, Würziger Mayonnaise, Zitronen-Dill-Dip, Blauschimmelkäse-Dip.

Tipp

Pistazien enthalten viele Ballaststoffe und liefern Mineralien wie Kalium, Magnesium, Kupfer und Vitamin B1.

Hähnchen-Fondue mit Zitrone

120 g Mehl
2 TL Zitronenabrieb
1 TL Oregano, getrocknet
½ TL Knoblauchpulver
½ TL Zitronenpfeffer
¼ TL Salz
2 Eier, verquirlt

500 g Hähnchenbrust, ohne Haut und Knochen, in etwa 2 ½ cm große Würfel geschnitten
Öl für das Fondue

1. Das Mehl, den Zitronenabrieb, den Oregano, das Knoblauchpulver, den Zitronenpfeffer und das Salz in eine Schüssel geben und vermengen.

2. In einer weiteren Schüssel die Eier verquirlen.

3. Die Hähnchenwürfel erst in die Eiermasse tauchen und anschließend in der Mehlmischung wälzen. Auf Backpapier legen und 15 Minuten in den Kühlschrank stellen.

4. Das Geflügel aus dem Kühlschrank nehmen und ein weiteres Mal panieren.

5. Das Öl in einem Topf auf 190 °C erhitzen und in einen Fonduetopf füllen (oder direkt in einem elektrischen Fonduetopf erhitzen). Der Fonduetopf sollte nur halb voll sein.

6. Die Geflügelwürfel auf Fonduegabeln spießen und etwa ein bis zwei Minuten goldbraun frittieren, bis das Fleisch gar ist.

Vorbereitung
Gehen Sie entsprechend der Anweisungen in Schritt 1 bis 4 vor. Verwahren Sie das Fleisch bis zum Gebrauch im Kühlschrank. Nehmen Sie es 20 Minuten vor dem Servieren heraus, damit es Raumtemperatur annehmen kann.

Servieren mit …
… Honig-Dill-Dip, Chili-Sauce mit Knoblauch, Süß-saurer Sauce.

Tipp
Falls das panierte Geflügel noch zu feucht sein sollte, geben Sie es noch einmal in die Mehlmischung.

Vorbereitung

Gehen Sie entsprechend der Anweisungen in Schritt 1 bis 4 vor. Verwahren Sie das Fleisch im Kühlschrank. Nehmen Sie es 20 Minuten vor dem Servieren heraus, damit es Raumtemperatur annehmen kann.

Servieren mit …

… Salsa Verde, Süß-saurer Sauce, Honig-Dill-Dip, Barbecue-Sauce, Süßem-Senf-Dip.

Das intensive Buttermilcharoma lässt jedes Herz höher schlagen. Kinder lieben diese Nuggets!

Tipp

Frisch geriebener Parmesan ist ein Muss für dieses Rezept. Die bereits geriebene, abgepackte Variante hat einfach nicht das gleiche Aroma und die gleiche Textur.

Würzige Southern-Fried-Chicken-Nuggets

Marinade

250 ml Buttermilch

1 EL Dijon-Senf

1 TL Hot-Pepper-Sauce

1 Knoblauchzehe, gehackt

Salz und frisch gemahlener schwarzer Pfeffer nach Geschmack

500 g Hähnchenbrust, ohne Haut und Knochen, in etwa 2 ½ cm große Würfel geschnitten

280 g Semmelbrösel

30 g Mehl

60 g Parmesan, frisch gerieben

2 TL Chilipulver

2 TL Thymian, getrocknet

½ TL grobes Salz

¼ TL schwarzer Pfeffer, frisch gemahlen

Öl für das Fondue

1. *Marinade:* Die Buttermilch, den Senf, die Hot-Pepper-Sauce, den Knoblauch, etwas Salz und Pfeffer in einer Schüssel vermischen.

2. Das Geflügel in eine flache Schüssel legen, die Marinade darübergeben und mit dem Fleisch vermengen, sodass es vollständig bedeckt ist.

3. In einer weiteren Schüssel die Semmelbrösel, das Mehl, den Parmesan, das Chilipulver, den Thymian, das Salz und den Pfeffer vermengen.

4. Die Hähnchenwürfel Stück für Stück aus der Marinade nehmen und abtropfen lassen. Anschließend in der Semmelbröselmischung wälzen. Auf einen Teller legen und beiseitestellen.

5. Das Öl in einem Topf auf 190 °C erhitzen und in einen Fonduetopf füllen (oder direkt in einem elektrischen Fonduetopf erhitzen). Der Fonduetopf sollte nur halb voll sein.

6. Die Geflügelstücke auf Fonduegabeln spießen und etwa ein bis zwei Minuten goldbraun und knusprig frittieren.

Pikantes Limetten-Hähnchen

4 Portionen

Marinade

50 ml Olivenöl

50 ml trockener Weißwein

2 TL Limettensaft, frisch gepresst

1 TL Limettenabrieb

1 Knoblauchzehe, gehackt

½ TL Chiliflocken

¼ TL Zucker

Salz und frisch gemahlener schwarzer Pfeffer nach Geschmack

500 g Hähnchenbrust, ohne Haut und Knochen, in dünne, etwa 2 ½ cm breite Streifen geschnitten.

Öl für das Fondue

Vorbereitung

Gehen Sie entsprechend der Anweisungen in Schritt 1 und 2 vor. Verwahren Sie das Fleisch bis zum Gebrauch im Kühlschrank.

Servieren mit …

… Erdnuss-Sauce, Mango-Salsa oder -Chutney, Tomaten-Curry-Sauce, Honig-Dill-Dip. ·

1. *Marinade:* Das Öl, den Wein, den Limettensaft und den -abrieb, den Knoblauch, die Chiliflocken, den Zucker, etwas Salz und Pfeffer in eine Schüssel geben und vermengen.

2. Das Geflügel in eine flache Schüssel legen, die Marinade darübergeben und mit dem Fleisch vermengen, sodass es vollständig bedeckt ist.

3. Das Öl in einem Topf auf 190 °C erhitzen und in einen Fonduetopf füllen (oder direkt in einem elektrischen Fonduetopf erhitzen). Der Fonduetopf sollte nur halb voll sein.

4. Das Fleisch auf Fonduegabeln spießen und etwa ein bis zwei Minuten frittieren, bis es gar ist.

Ich verwende die Reste dieses Gerichtes gerne zu gebratenem Reis. Der Zitronengeschmack ist verführerisch!

Fondue mit Geflügel-Hackbällchen

500 g Geflügelhackfleisch

70 g Semmelbrösel

1 Ei, verquirlt

2 Knoblauchzehen, gehackt

1 Schalotte, gehackt

1 EL Petersilie, gehackt (oder 1 TL getrocknete)

¼ TL Thymian, getrocknet

Salz und frisch gemahlener schwarzer Pfeffer nach Geschmack

Öl für das Fondue

Vorbereitung

Gehen Sie entsprechend der Anweisungen in Schritt 1 und 2 vor.

Servieren mit …

… Süß-saurer Sauce, Honig-Senf-Dip, Mango-Chutney.

1. Das Hackfleisch, die Semmelbrösel, das Ei, den Knoblauch, die Schallote, die Petersilie, den Thymian, etwas Salz und Pfeffer in eine Schüssel geben und gut vermengen. Mit den Händen etwa 40 Hackbällchen mit einem Durchmesser von etwa zweieinhalb Zentimetern formen.

2. Auf einen Teller mit Backpapier legen und bis zum Servieren kühl stellen. 15 Minuten vor dem Servieren aus dem Kühlschrank nehmen und Raumtemperatur annehmen lassen.

3. Das Öl in einem Topf auf 190 °C erhitzen und in einen Fonduetopf füllen (oder direkt in einem elektrischen Fonduetopf erhitzen). Der Fonduetopf sollte nur halb voll sein.

4. Die Hackfleischbällchen auf Fonduegabeln spießen und etwa vier Minuten frittieren, bis das Fleisch gar ist.

Sie können die Fleischbällchen auch mit Preiselbeer-Sauce servieren.

Tipp

Statt Geflügelhackfleisch können Sie auch Rinderhack verwenden.

Truthahn mit Thymian

500 g Truthahnbrust, ohne Haut und Knochen, in dünne, etwa 2 ½ cm breite Streifen geschnitten

1 TL Thymian, getrocknet

½ TL Knoblauchpulver

Salz und frisch gemahlener schwarzer Pfeffer nach Geschmack

Öl für das Fondue

1. Die Truthahnstreifen in eine flache Schüssel legen und mit dem Thymian, dem Knoblauchpulver, etwas Salz und Pfeffer würzen. Zugedeckt mindestens eine Stunde in den Kühlschrank stellen.

2. Das Fleisch aus dem Kühlschrank nehmen, aufrollen und auf einer Servierplatte anrichten.

3. Das Öl in einem Topf auf 190 °C erhitzen und in einen Fonduetopf füllen (oder direkt in einem elektrischen Fonduetopf erhitzen). Der Fonduetopf sollte nur halb voll sein.

4. Die Truthahnröllchen auf Fonduegabeln spießen und etwa ein bis zwei Minuten frittieren, bis das Fleisch gar ist.

Vorbereitung

Gehen Sie entsprechend der Anweisungen in Schritt 1 und 2 vor. Verwahren Sie das Fleisch bis zum Gebrauch im Kühlschrank.

Servieren mit …

… Honig-Dill-Dip, Süßem-Senf-Dip, Meerrettich-Dip, Zitronen-Sauce.

Tipp

Dieses Fondue kann auch mit Brühe zubereitet werden.

Fondue mit Jakobsmuscheln im Speckmantel

750 g Jakobsmuscheln

500 g Speck, in Scheiben, jede Scheibe in drei gleiche Teile geschnitten

Öl für das Fondue

Vorbereitung
Gehen Sie entsprechend der Anweisungen in Schritt 1 vor. Verwahren Sie die Muscheln bis zum Verzehr im Kühlschrank.

Servieren mit …
… Cocktail-Sauce, Senf, Mayonnaise und Beilagen wie Pasta und Spinat.

1. Die Jakobsmuscheln mit je einem Stück Speck umwickeln, mit Zahnstochern fixieren und auf einem Teller anrichten.

2. Das Öl in einem Topf auf 190 °C erhitzen und in einen Fonduetopf füllen (oder direkt in einem elektrischen Fonduetopf erhitzen). Der Fonduetopf sollte halb voll sein. Vor dem Gebrauch das Öl auf etwa 180 °C abkühlen lassen (siehe Tipp).

3. Die Muscheln im Speckmantel auf Fonduegabeln spießen und die Zahnstocher entfernen. Etwa drei bis fünf Minuten goldbraun frittieren.

Tipp
Bei diesem Fondue sollten Sie die Hitze des Öls etwas reduzieren, denn wenn man Speck in heißes Öl taucht, kann es sehr spritzen. Stellen Sie die Flamme bei einem herkömmlichen Fondue auf die kleinste Stufe bzw. regulieren Sie den Thermostat bei einem elektrischen Fondue entsprechend.

Kokos-Shrimps

50 ml Kokosmilch

2 EL Limettensaft, frisch gepresst

70 g Semmelbrösel

1 TL Currypulver

Salz und frisch gemahlener schwarzer Pfeffer nach Geschmack

500 g Shrimps, geschält und geputzt

1 Ei, verquirlt

50 g Kokosnuss, geraspelt

Öl für das Fondue

1. Die Kokosmilch und den Limettensaft in eine Schüssel geben und verrühren.

2. In einer zweiten Schüssel die Semmelbrösel mit dem Currypulver, etwas Salz und Pfeffer vermischen.

3. Die Shrimps erst in die Kokosmilch-Limettensaft-Mischung tunken und anschließend in den Semmelbröseln wälzen. Auf einen Teller legen und mindestens 15 Minuten in den Kühlschrank stellen.

4. Das Ei in einer Schüssel verquirlen. Die Kokosnussraspeln auf einen Teller geben, die Shrimps erst in das Ei tauchen und anschließend in den Kokosnussraspeln wenden, bis sie ganz damit bedeckt sind.

5. Das Öl in einem Topf auf 190 °C erhitzen und in einen Fonduetopf füllen (oder direkt in einem elektrischen Fonduetopf erhitzen). Der Fonduetopf sollte nur halb voll sein.

6. Die Shrimps auf Fonduegabeln spießen und etwa ein bis zwei Minuten goldbraun frittieren.

Vorbereitung

Gehen Sie entsprechend der Anweisungen in Schritt 1 bis 4 vor. Verwahren Sie das Fleisch im Kühlschrank. Nehmen Sie es 20 Minuten vor dem Servieren heraus, damit es Raumtemperatur annehmen kann.

Servieren mit …

… Mango-Salsa oder -Chutney, Pflaumen-Sauce, Asiatischem Saucen-Dip, Zitronen-Sauce, Salsa Verde.

Tipp

Raspeln Sie die Kokosnuss sehr fein, damit die Panade besser an den Shrimps haftet.

Geben Sie noch etwa einen viertel Teelöffel Cayennepfeffer zu der Kokosnuss, um ein extra scharfes Ergebnis zu erzielen.

Paniertes Fleisch oder panierte Fische und Meeresfrüchte sollten Raumtemperatur haben, bevor sie frittiert werden.

Mit Maismehl panierte Shrimps

Vorbereitung

Gehen Sie entsprechend der Anweisungen in Schritt 1 und 2 vor. Verwahren Sie die Shrimps im Kühlschrank. Nehmen Sie sie 20 Minuten vor dem Servieren heraus, damit sie Raumtemperatur annehmen können.

Servieren mit …

… Salsa Verde, Cocktail-Sauce, Honig-Dill-Dip.

60 g Maismehl
¾ TL Paprikapulver
½ TL Knoblauchpulver
¼ TL Chiliflocken
¼ TL Cayennepfeffer
¼ TL Koriander, gemahlen
Salz und frisch gemahlener schwarzer Pfeffer nach Geschmack

500 g Shrimps, geschält und geputzt
Korianderblätter und Zitronenspalten zum Garnieren
Öl für das Fondue

1. Das Maismehl, das Paprikapulver, das Knoblauchpulver, die Chiliflocken, den Cayennepfeffer, den Koriander, etwas Salz und Pfeffer in eine Schüssel geben und vermengen.

2. Die Shrimps unter lauwarmem Wasser abwaschen und in der Maismehlmischung wenden. Auf eine Servierplatte legen und mit Korianderblättern und Zitronenspalten garnieren.

3. Das Öl in einem Topf auf 190 °C erhitzen und in einen Fonduetopf füllen (oder direkt in einem elektrischen Fonduetopf erhitzen). Der Fonduetopf sollte nur halb voll sein.

4. Die Shrimps auf Fonduegabeln spießen und etwa ein bis zwei Minuten goldbraun frittieren.

Maismehl macht diese Shrimps besonders lecker.

Tipp

Die Panade eignet sich auch für Fisch. Sie schmeckt zum Beispiel hervorragend mit Zander.

Shrimps in Hanfkruste

130 g Hanfsamen, geschält

1 TL Paprikapulver

1 TL Kurkuma, gemahlen

1 TL Knoblauchpulver

½ TL Cayennepfeffer

2 Eier, verquirlt

500 g Shrimps, geschält und geputzt

Öl für das Fondue

1. Die Hanfsamen, das Paprika-, Kurkuma- und Knoblauchpulver sowie den Cayennepfeffer in eine Schüssel geben und vermengen.

2. In einer weiteren Schüssel die Eier verquirlen.

3. Die Shrimps zuerst in die Eiermasse geben, dann in der Hanfsamenmischung wenden.

4. Das Öl in einem Topf auf 190 °C erhitzen und in einen Fonduetopf füllen (oder direkt in einem elektrischen Fonduetopf erhitzen). Der Fonduetopf sollte nur halb voll sein.

5. Die Shrimps auf Fonduegabeln spießen und etwa ein bis zwei Minuten goldbraun frittieren, bis sie gar sind.

Vorbereitung

Gehen Sie entsprechend der Anweisungen in Schritt 1 bis 3 vor. Verwahren Sie die Shrimps im Kühlschrank. Nehmen Sie sie 20 Minuten vor dem Servieren heraus, damit sie Raumtemperatur annehmen können.

Servieren mit …

… Cocktail-Sauce, Würziger Mayonnaise, Salsa Verde, Zitronen-Dill-Dip.

Hanfsamen geben den Shrimps nicht nur ein rauchiges Aroma, sie sind auch reich an Omega-3- und Omega-6-Fettsäuren.

Tipp
Hanfsamen bekommen Sie im Reformhaus und in vielen Bioläden.

Shrimps im Biermantel

40 g Mehl	1 Ei, verquirlt
¼ TL Salz	125 ml Bier
1 Prise schwarzer Pfeffer, frisch gemahlen	1 Eiweiß
2 TL Cajun-Gewürzmischung (optional)	500 g Shrimps, geschält und geputzt
4 TL Butter, geschmolzen	Öl für das Fondue

Vorbereitung

Bereiten Sie die Panade frisch zu und panieren Sie die Shrimps erst kurz vor dem Servieren.

Servieren mit …

… Tzatziki, Würziger Sesam-Mayonnaise, Cocktail-Sauce.

1. Das Mehl zusammen mit dem Salz in eine Schüssel sieben. Die Cajun-Gewürzmischung (optional) und etwas Pfeffer hinzugeben. Die geschmolzene Butter und das Ei unterrühren. Nach und nach das Bier unter Rühren hinzugeben, bis das Ganze einen glatten Teig ergibt. An einem warmen Ort eine Stunde ruhen lassen.

2. Das Eiweiß steif schlagen und unter den Teig heben.

3. Das Öl in einem Topf auf 190 °C erhitzen und in einen Fonduetopf füllen (oder direkt in einem elektrischen Fonduetopf erhitzen). Der Fonduetopf sollte nur halb voll sein.

4. Kurz vor dem Servieren die Shrimps im Teig wälzen. Auf Fonduegabeln spießen und etwa ein bis zwei Minuten goldbraun frittieren.

Tipp

Mit dieser Panade können Sie auch Fisch und andere Meeresfrüchte panieren.

Käsepuffer aus Hüttenkäse

300 g Hüttenkäse, abgetropft
60 g Mehl
50 ml Sauerrahm
1 Ei
1 EL Zucker

1 EL Butter, geschmolzen
¼ TL Salz
Öl für das Fondue

1. Den Käse, die Hälfte des Mehls, den Sauerrahm, das Ei, den Zucker, die geschmolzene Butter und das Salz im Mixer pürieren. Mit den Händen etwa 16 Kugeln mit einem Durchmesser von etwa zweieinhalb Zentimetern formen.

2. Die Käsebällchen auf Backpapier legen und mindestens eine Stunde in den Kühlschrank stellen.

3. Das restliche Mehl in eine Schüssel geben und jedes Käsebällchen einzeln darin wenden.

4. Das Öl in einem Topf auf 190 °C erhitzen und in einen Fonduetopf füllen (oder direkt in einem elektrischen Fonduetopf erhitzen). Der Fonduetopf sollte nur halb voll sein.

5. Die Käsebällchen auf Fonduegabeln spießen und etwa ein bis zwei Minuten goldbraun frittieren.

Vorbereitung

Gehen Sie entsprechend der Anweisungen in Schritt 1 und 2 vor. Verwahren Sie die Puffer bis zum Servieren im Kühlschrank.

Servieren mit …

… Sauerrahm, gefrorenen Erdbeeren.

Diese an Käse-Blinis oder Kartoffelpuffer erinnernden Käsepuffer eignen sich perfekt als Dessert oder zum Brunch.

Tipp

Verwenden Sie Hüttenkäse mit einem Prozent Fettgehalt, den Sie durch ein Seihtuch abschütten und anschließend mit einem Küchenpapier trockentupfen.

Mozzarella-Würfel

140 g Semmelbrösel

1 TL Knoblauchpulver

1 TL Basilikum, getrocknet

1 TL Oregano, getrocknet

½ TL Zwiebelflocken, getrocknet

¼ TL Salz

¼ TL schwarzer Pfeffer, frisch gemahlen

2 Eier, verquirlt

30 g Mehl

250 g Mozzarella, grob gewürfelt

Öl für das Fondue

Vorbereitung

Gehen Sie entsprechend der Anweisungen in Schritt 1 bis 3 vor. Verwahren Sie die Käsewürfel im Kühlschrank. Nehmen Sie sie 20 Minuten vor dem Servieren heraus, damit sie Raumtemperatur annehmen können.

Servieren mit …

… Honig-Dill-Dip, Chili-Knoblauch-Sauce, Joghurt-Dip mit Minze, Dip mit gerösteter roter Paprika, Tomaten-Curry-Sauce.

1. Die Semmelbrösel, das Knoblauchpulver, das Basilikum, den Oregano, die Zwiebelflocken, das Salz und den Pfeffer in eine Schüssel geben und vermengen.

2. In einer weiteren Schüssel die Eier verquirlen. Das Mehl auf einen Teller oder in eine flache Schüssel geben. Die Mozzarella-Würfel in die Eier tauchen, im Mehl wenden, erneut in die Eier geben und anschließend in der Semmelbröselmischung wenden.

3. Die Würfel auf ein Backpapier legen und 30 Minuten in den Kühlschrank stellen. Vor dem Servieren aus dem Kühlschrank nehmen und Raumtemperatur annehmen lassen.

4. Das Öl in einem Topf auf 190 °C erhitzen und in einen Fonduetopf füllen (oder direkt in einem elektrischen Fonduetopf erhitzen). Der Fonduetopf sollte nur halb voll sein.

5. Die Mozzarella-Würfel in ein Fonduekörbchen legen (siehe Tipp) und darin etwa 30 Sekunden goldbraun frittieren. Auf Küchenpapier abtropfen lassen.

Tipp

Achten Sie darauf, dass der Käse Raumtemperatur hat, da die Semmelbrösel an kaltem Mozzarella nicht gut haften.

Mit einem Fonduekörbchen kann man sehr gut Dinge frittieren, die sich schwer oder gar nicht aufspießen lassen. Legen Sie ein bis zwei Mozzarella-Würfel in das Körbchen, versenken Sie dieses im heißen Öl und frittieren Sie den Käse darin etwa 30 Sekunden. Lassen Sie die Würfel vor dem Servieren auf Küchenpapier abtropfen.

Falafel

1 Packung (etwa 400 g) fertige Falafelmischung

½ TL Kreuzkümmel, gemahlen

¼ TL Chiliflocken

Öl für das Fondue

1. Die Falafelmischung, den Kreuzkümmel und die Chiliflocken mit 375 Millilitern Wasser in einer Schüssel vermischen. Eine Stunde bei Raumtemperatur ruhen lassen.

2. Mit den Händen etwa 72 Bällchen mit einem Durchmesser von etwa zweieinhalb Zentimetern formen. Mindestens 30 Minuten in den Kühlschrank stellen.

3. Das Öl in einem Topf auf 190 °C erhitzen und in einen Fonduetopf füllen (oder direkt in einem elektrischen Fonduetopf erhitzen). Der Fonduetopf sollte nur halb voll sein.

4. Etwa ein Viertel der Falafelbällchen aus dem Kühlschrank nehmen und servieren. Den Rest nach und nach bei Bedarf aus dem Kühlschrank nehmen (siehe Tipp). Die Bällchen auf Fonduegabeln spießen und etwa zwei bis drei Minuten goldbraun frittieren.

Vorbereitung

Gehen Sie entsprechend der Anweisungen in Schritt 1 und 2 vor. Verwahren Sie die Falafelbällchen bis zum Servieren im Kühlschrank.

Servieren mit …

… Hummus, Tzatziki, Koriander-Coulis, Salat, Pita-Brot.

Tipp

Fertige Falafelmischungen gibt es in jedem Supermarkt. Sie sind sehr aromatisch und garantieren eine unvergessliche Fondue-Erfahrung. Der Trick ist, bei der Zubereitung weniger Wasser als auf der Packung angegeben zu verwenden (damit die Falafelbällchen nicht auseinanderfallen) und sie gekühlt zu frittieren.

Servieren Sie die Falafel zum Beispiel mit Arabischem Lamm-Fondue (siehe Seite 128) oder mit Hähnchen-Fondue mit schwarzem Sesam (siehe Seite 132) für ein orientalisch betontes Menü.

Mit Käse gefüllte Jalapeños

4 Portionen

Vorbereitung

Gehen Sie entsprechend der Anweisungen in Schritt 1 bis 3 vor. Verwahren Sie die Schoten bis zum Servieren im Kühlschrank.

Servieren mit …

… Tzatziki, Guacamole, Tomaten-Salsa.

Servieren Sie dieses Gericht als Vorspeise. Pro Person sollten Sie vier Schoten einplanen.

Tipp

Die Kerne von Chili-Schoten sind am schärfsten, also achten Sie darauf, alle zu entfernen, bevor Sie die Schote mit Käse füllen.

Heutzutage gibt es eine große Auswahl an scharfen Chili-Schoten. Sie können die Jalapeños beliebig ersetzen. Die roten Chilis sind allerdings besonders scharf, daher sollten Sie vorsichtig sein.

Wenn Sie noch zwei Esslöffel fein gehackte Pinienkerne und einen Esslöffel gehackte Basilikumblätter unter die Käsefüllung mischen, bekommen die Jalapeños eine ganz besondere Note.

500 g Jalapeños (etwa 16 Stück)
150 g Frischkäse
2 EL Zitronensaft, frisch gepresst
2 Knoblauchzehen, gehackt
¼ TL Zwiebelpulver
¼ TL Chiliflocken

¼ TL Salz
¼ TL schwarzer Pfeffer, frisch gemahlen
Öl für das Fondue

1. Mit einem scharfen Messer den Deckel der Jalapeños abschneiden und die Kerne und die Membran vorsichtig entfernen.

2. Den Frischkäse, den Zitronensaft, das Knoblauch- und das Zwiebelpulver, die Chiliflocken, das Salz und den Pfeffer in einer Schüssel verrühren.

3. Die Käsemischung in die Schoten füllen und mindestens 30 Minuten in den Kühlschrank stellen.

4. Das Öl in einem Topf auf 190 °C erhitzen und in einen Fonduetopf füllen (oder direkt in einem elektrischen Fonduetopf erhitzen). Der Fonduetopf sollte nur halb voll sein.

5. Die Jalapeños auf Fonduegabeln spießen und etwa zwei bis drei Minuten frittieren, bis die Schoten weich sind.

Tempura-Gemüse

700 g Gemüse, klein geschnitten (z. B. Blumenkohl- und Brokkoliröschen, rote Zwiebeln, Paprika und Pilze)

120 g Mehl

1 EL Currypulver (optional)

¼ TL Salz

2 Eier

3 EL Olivenöl

Öl für das Fondue

Vorbereitung
Dünsten Sie das Gemüse oder kochen Sie es bissfest. Bereiten Sie die Panade frisch zu und panieren Sie das Gemüse oder die Shrimps erst kurz vor dem Servieren.

1. Das Gemüse etwa fünf Minuten dünsten oder kochen, bis es bissfest ist. Unter kaltem Wasser abschrecken, abtropfen lassen und beiseitestellen.

2. Das Mehl, das Currypulver (optional), das Salz, die Eier und das Öl mit 90 Millilitern Wasser mit einem Handmixer zu einem glatten Teig verrühren. Das Gemüse im Teig wälzen und auf einer Servierplatte beiseitestellen.

3. Das Öl in einem Topf auf 190 °C erhitzen und in einen Fonduetopf füllen (oder direkt in einem elektrischen Fonduetopf erhitzen). Der Fonduetopf sollte nur halb voll sein.

4. Das Gemüse auf Fonduegabeln spießen und etwa eine Minute goldbraun frittieren.

Servieren mit …
… Asiatischem Saucen-Dip, Wasabi-Mayonnaise, Tomaten-Curry-Sauce

Tipp
Verwenden Sie die Tempura-Panade auch für Tiger Prawns oder Süßkartoffeln (halbgar). Die Panade dieses Rezeptes reicht für etwa 500 Gramm Tiger Prawns.

Fondues mit Brühe

Zutaten

Durch die Verwendung verschiedener Zutaten und unterschiedlicher Brühen gibt es fast unendlich viele Fondue-Möglichkeiten. Die meisten sind fettarm (zumindest verglichen mit einem Käse- oder Ölfondue) und eignen sich für viele internationale Zubereitungsarten.

Zuerst sollten Sie überlegen, ob Sie die Brühe selbst zubereiten oder fertig kaufen möchten. Hausgemachte Brühen sind aromatischer und preiswerter. Wenn Sie eine große Menge zubereiten und in entsprechend großen Portionen einfrieren, sind sie außerdem sehr praktisch. Aber es gibt natürlich Situationen, in denen man keine Zeit hat, die Brühe selbst zuzubereiten. In solchen Fällen können Sie auf fertige Hühner- oder Rinderbrühe zurückgreifen. Die meisten Rezepte in diesem Kapitel ergeben eine Menge von etwa eineinhalb Litern Brühe.

Qualitativ hochwertiges Fleisch wie Rinder- oder Schweinefilet, Lammlende, Hähnchen- oder Truthahnbrust sind die beste Wahl für ein Fondue. Shrimps ohne Schale, Jakobsmuscheln und Fische mit fleischiger Konsistenz (z. B. Thunfisch oder Heilbutt) eignen sich ebenso gut. Da Brühe nicht so heiß wird wie Öl, sollte das Fleisch in dünne, etwa zweieinhalb Zentimeter breite Streifen geschnitten und aufgerollt werden, damit es sich leichter auf die Fonduegabel spießen lässt.

Gemüse und Nudeln spielen vor allem in asiatischen Feuertöpfen die Hauptrolle. Exzellente Zutaten sind außerdem Pak Choi, Bambussprossen, Bohnensprossen, Brokkoli- und Blumenkohlröschen, Pilze, Paprika, Frühlingszwiebeln und Spinat.

Im Fonduetopf

Bei einem Fondue mit Brühe gehen Sie ähnlich vor wie bei Ölfondues. Die Brühe wird in einem Topf auf dem Herd aufgekocht und dann in den Fonduetopf umgefüllt. Der Spiritusbrenner wird mit einem Streichholz angezündet und so eingestellt, dass die Brühe simmert.

Bei Fondues mit Brühe dauert es etwa drei bis fünf Minuten, bis das Fleisch gar ist. Hähnchen und Fisch brauchen etwa zwei bis vier Minuten, je nach persönlichem Geschmack. Die Brühe sollte während des Essens simmern, jedoch nicht kochen.

Die Anweisungen in den Rezepten für ein Fondue mit Brühe sind nicht so strikt zu befolgen wie bei einem Dessert- oder einem Käsefondue. Wählen Sie einfach einige Gemüsesorten aus und nehmen Sie sich die Freiheit, die Brühe nach Belieben zu würzen.

Das Servieren des Fondues

Sie sollten, wie bei einem Fondue mit Öl, etwa 125 bis 175 Gramm Fleisch oder Fisch pro Person sowie einige Beilagen einplanen. Für Gäste mit großem Appetit sollten es 175 bis 250 Gramm sein.

Das Schöne bei einem Fondue mit Brühe ist, dass Sie aus den Resten eine fabelhafte Suppe zaubern können. Geben Sie einfach die Reste der Gemüse- und Fleischstücke in die Brühe und weichen Sie unterdessen Reisnudeln etwa 15 Minuten in warmem Wasser ein. Lassen Sie anschließend die Nudeln abtropfen, geben Sie sie in die Brühe und lassen Sie das Ganze etwa fünf bis zehn Minuten simmern. Garen Sie das Gemüse und das Fleisch in einem Fonduekörbchen, damit lässt es sich einfacher herausnehmen und in die einzelnen Suppenschalen verteilen. Geben Sie zum Schluss die Suppe und die Nudeln darüber.

Reisnudeln, chinesische Eier- oder Glasnudeln harmonieren sehr gut mit Brühe-Fondues. Bereiten Sie die Nudeln erst kurz vor dem Servieren entsprechend der Anweisungen zu. Viele Asia-Nudeln müssen zunächst 15 Minuten in warmem Wasser eingeweicht werden. Anschließend lässt man sie abtropfen und schneidet sie (falls gewünscht) mit einer Küchenschere klein. Chinesische Eiernudeln müssen allerdings gekocht werden.

Rinderbrühe

Ergibt 3 bis 4 Liter

Vorbereitung

Schneiden Sie die Zwiebel klein, schälen Sie die Karotten und schneiden Sie diese genauso wie den Sellerie in Scheiben. Hacken Sie die Petersilie klein.

500 g Suppenfleisch

200 g Rinderknochen

3 Markknochen

1 große Zwiebel, geschält und gehackt

2 Knoblauchzehen, halbiert

2 Karotten, geschält und in Scheiben geschnitten

2 Stangen Staudensellerie, in Scheiben geschnitten

2 Nelken

1 Lorbeerblatt

2 TL Salz

8 schwarze Pfefferkörner

1 Bund Petersilie, gehackt (mit Stängeln)

1. Alle Zutaten mit drei bis vier Litern Wasser in einen großen Topf geben. Das Fleisch, die Knochen und das Gemüse sollten vollständig mit Wasser bedeckt sein. Das Ganze zugedeckt aufkochen, die Hitze reduzieren und eineinhalb bis zwei Stunden simmern lassen. Gelegentlich umrühren und den Schaum von der Oberfläche entfernen. Nach einer Stunde abschmecken und gegebenenfalls noch etwas salzen.

2. Die Knochen aus der Brühe nehmen. Die Brühe durch ein Haarsieb gießen. Das Gemüse und die Knochen entsorgen. Die Brühe abkühlen lassen und in den Kühlschrank stellen. Sobald die Brühe erkaltet ist, das Fett an der Oberfläche entfernen. In mehrere Portionen für je einen Fonduetopf (je etwa 750 Milliliter) aufteilen und bei Bedarf einfrieren.

Tipp

Geben Sie die Knoblauchzehen, das Lorbeerblatt und die schwarzen Pfefferkörner in ein Teesieb, um sie anschließend leichter entfernen zu können.

Hühnerbrühe

1 Suppenhuhn (ganz oder zerteilt, etwa 1 ½ kg)

1 große Zwiebel, in Ringe geschnitten

4 Stangen Staudensellerie (mit Blättern), in große Stücke geschnitten

3 Karotten, geschält und in große Stücke geschnitten

1 Pastinake, geschält und in Scheiben geschnitten

2 Knoblauchzehen, gehackt

2 TL Salz

¾ TL schwarzer Pfeffer, frisch gemahlen

1 Bund Petersilie, gehackt (mit Stängeln)

3 Zweige Dill, gehackt (mit Stängeln)

Vorbereitung

Schälen und schneiden Sie das Gemüse klein.

1. Das Suppenhuhn in einen großen Topf geben und drei bis vier Liter Wasser hinzufügen (das Huhn sollte vollständig bedeckt sein). Das Ganze aufkochen und ohne Deckel unter gelegentlichem Umrühren kochen lassen und den Schaum von der Oberfläche entfernen. Die Zwiebel, den Sellerie, die Karotten, die Pastinake, den Knoblauch, das Salz und den Pfeffer hinzufügen und erneut aufkochen. Die Hitze reduzieren und eine Stunde simmern lassen. Anschließend abschmecken und gegebenenfalls noch etwas salzen und pfeffern. Die Petersilie und den Dill hinzufügen und weitere 30 Minuten simmern lassen.

2. Das Huhn aus der Suppe nehmen und beiseitestellen (siehe Tipp). Die Brühe durch ein Haarsieb gießen und das Gemüse entsorgen. Die Brühe abkühlen lassen und in den Kühlschrank stellen. Sobald die Brühe erkaltet ist, das Fett an der Oberfläche entfernen. In mehrere Portionen für je einen Fonduetopf (je etwa 750 Milliliter) aufteilen und bei Bedarf einfrieren.

Tipp

Tiefgekühlte Suppenhühner sind in jedem Supermarkt erhältlich. Sie sind preiswert und ergeben eine schmackhafte Brühe.

Das Fleisch des gekochten Suppenhuhns können Sie für Hühnchensalat, Fajitas oder Sandwiches verwenden.

Hühnerbrühe mit Curry

Ergibt 3 Liter

Vorbereitung

Bereiten Sie die Brühe bereits am Vormittag zu und behalten Sie 750 Milliliter bis 1 ¼ Liter für Ihr Fondue zurück.

1 EL Pflanzenöl
1 Zwiebel, gehackt
2 TL Currypulver
2 Knoblauchzehen, gehackt
1 ½ kg Hähnchenfleisch, in kleine Stücke geschnitten
2 Karotten, geschält und in Scheiben geschnitten

2 Stangen Staudensellerie (mit Blättern), in Scheiben geschnitten
1 EL Ingwer, gerieben
½ TL Salz
frisch gemahlener schwarzer Pfeffer nach Geschmack

1. In einem großen Topf das Öl bei mittlerer Hitze erwärmen. Die Zwiebel hinzufügen und etwa drei Minuten dünsten. Das Currypulver und den Knoblauch hinzufügen und weiter dünsten, bis die Zwiebel und der Knoblauch weich (aber nicht braun) sind. Drei Liter Wasser, das Hähnchenfleisch, die Karotten, den Sellerie, den Ingwer, das Salz und etwas Pfeffer hinzugeben und aufkochen. Die Hitze reduzieren und zwei Stunden leise köcheln lassen, bis das Fleisch zart ist. Gelegentlich umrühren. Nach einer Stunde Garzeit abschmecken und gegebenenfalls noch Currypulver, Salz und Pfeffer hinzufügen.

2. Das Geflügel aus der Brühe nehmen und aufbewahren (siehe Tipp, Seite 101). Die Suppe durch ein Haarsieb gießen. Das Gemüse entsorgen. Die Brühe abkühlen lassen und in den Kühlschrank stellen. Sobald die Brühe erkaltet ist, das Fett an der Oberfläche entfernen. In mehrere Portionen für je einen Fonduetopf (je etwa 750 Milliliter) aufteilen und bei Bedarf einfrieren.

Diese aromatische Brühe mit Curry eignet sich gut für Rindfleisch, Lamm, Meeresfrüchte, Fisch oder Gemüse.

Tipp

Verwenden Sie die Reste der Brühe als Suppe zum Abschluss Ihres Menüs. Geben Sie alle noch übrigen Fleisch- oder Fischstücke und Nudeln (dünne Eiernudeln oder Glasnudeln) hinein. Garen Sie alle Zutaten in der Brühe und genießen Sie anschließend die leckere Mahlzeit.

Fischbrühe

1 kg Fischköpfe und -karkassen (von Weißfisch, ohne Gräten), gewaschen

1 große Zwiebel, mit Schale, in Ringe geschnitten

2 Knoblauchzehen, halbiert

2 Karotten, geschält, in Scheiben geschnitten

2 Stangen Staudensellerie (mit Blättern), gehackt

2 Stangen Lauch (nur die weißen Teile), in Ringe geschnitten

1 Bund Petersilie (mit Stängeln), gehackt

1 ½ TL Salz

¼ TL Zucker

8 schwarze Pfefferkörner

1 Lorbeerblatt

1 Streifen Zitronenschale (etwa 2 ½ cm breit)

Vorbereitung
Schneiden und hacken Sie das Gemüse klein.

1. Den Fisch mit drei Litern Wasser in einen großen Topf geben (der Fisch sollte ganz bedeckt sein). Die Zwiebel, den Knoblauch, die Karotten, den Sellerie, den Lauch, die Petersilie, das Salz, den Zucker, die Pfefferkörner, das Lorbeerblatt und die Zitronenschale hinzugeben und das Ganze aufkochen. Die Hitze reduzieren und zugedeckt 45 Minuten leise köcheln lassen. Nach 30 Minuten Garzeit abschmecken und gegebenenfalls nachwürzen.

2. Die Fischköpfe und -knochen aus der Brühe nehmen. Anschließend die Brühe durch ein Haarsieb gießen. Das Gemüse entsorgen. Die Brühe abkühlen lassen und in den Kühlschrank stellen. In mehrere Portionen für je einen Fonduetopf (je etwa 750 Milliliter) aufteilen und bei Bedarf einfrieren.

Tipp
Das Zubereiten von Fischbrühe kann einen unangenehmen Geruch erzeugen. Um dem Geruch entgegenzuwirken, können Sie Zimtstangen in einem kleinen Topf ohne Deckel mit Wasser köcheln lassen. Bei Bedarf einfach Wasser nachfüllen.

Variante
Asiatische Fischbrühe: Geben Sie in einen Liter Fischbrühe einen Esslöffel Miso Paste, zwei Esslöffel Sake, einen Esslöffel geriebenen Ingwer und eine gehackte Frühlingszwiebel und kochen Sie das Ganze auf. Reduzieren Sie die Hitze und lassen Sie die Brühe 15 Minuten leise köcheln, damit sich die Aromen entfalten können. Gießen Sie die Brühe in einen Fonduetopf und verwenden Sie sie zu asiatischen Feuertopf-Fondues.

Gemüsebrühe

Ergibt 3 bis 4 Liter

Vorbereitung

Bereiten Sie den Kartoffelsud vor.

Schneiden bzw. hacken Sie die Zwiebel, die Karotten, den Sellerie und die Petersilie klein.

4 große Kartoffeln

2 TL Olivenöl

1 große Zwiebel, gehackt

8 Karotten, geschält, klein geschnitten

8 Stangen Staudensellerie (mit Blättern), klein geschnitten

1 Zucchini, klein geschnitten

100 g Süßkartoffeln, gewürfelt

6 Knoblauchzehen, halbiert

2 Bund Petersilie (mit Stängeln), gehackt

2 TL Thymian, getrocknet

1 EL Salz

12 schwarze Pfefferkörner

1. Die Kartoffeln schälen und die Schale in einen mittelgroßen Topf geben. (Die Kartoffeln für ein anderes Gericht aufbewahren.) Etwa einen Liter Wasser hinzufügen, sodass die Schalen vollständig damit bedeckt sind. Aufkochen, anschließend die Hitze reduzieren und eine Stunde leise köcheln lassen. Durch ein Haarsieb gießen, den Sud auffangen und die Schalen entsorgen. Beiseitestellen.

2. In einem großen Topf das Öl bei mittlerer Hitze erwärmen. Die Zwiebel hinzufügen und dünsten, bis sie weich ist und eine bräunliche Farbe angenommen hat. Den Kartoffelschalen-Sud, die Karotten, den Sellerie, die Zucchini, die Süßkartoffeln und den Knoblauch hinzugeben und mit etwa zwei Litern Wasser aufgießen, sodass das Gemüse über zweieinhalb Zentimeter bedeckt ist. Die Petersilie, den Thymian, das Salz und die Pfefferkörner hinzufügen und aufkochen. Die Hitze reduzieren und eineinhalb Stunden leise köcheln lassen.

3. Die Brühe durch ein Haarsieb gießen und das Gemüse entsorgen. Die Brühe abkühlen lassen und in den Kühlschrank stellen. In mehrere Portionen für je einen Fonduetopf (je etwa 750 Milliliter) aufteilen und bei Bedarf einfrieren.

Tipp

Der Sud aus Kartoffelschalen, der in diesem Rezept verwendet wird, mag zunächst etwas ungewöhnlich anmuten, er gibt dieser Brühe jedoch ein unvergleichliches Aroma. Petersilienstängel sind ebenfalls wichtig, da sie wesentlich mehr Geschmack enthalten als die Blätter.

Für die Gemüsebrühe können Sie eigentlich jedes beliebige Gemüse verwenden. Sie sollten allerdings auf Kohl, Blumenkohl oder Brokkoli verzichten, da diese alle anderen Aromen der in der Brühe verwendeten Zutaten überlagern würden.

Brühe mit Lauch und wilden Pilzen

Ergibt 1 bis 1 ½ Liter

1 ½ EL Olivenöl

2 Stangen Lauch (nur die weißen Teile), klein geschnitten

3 Knoblauchzehen, gehackt

30 g Pilze, z. B. Shiitake und braune Champignons, gehackt

Salz und frisch gemahlener schwarzer Pfeffer nach Geschmack

50 ml trockener Sherry

1 ¼ l Rinderbrühe (fertig gekauft oder frisch zubereitet, siehe Seite 100)

Vorbereitung

Waschen und schneiden Sie den Lauch in Ringe und hacken Sie den Knoblauch und die Pilze klein.

1. Das Öl in einer beschichteten Pfanne bei mittlerer Hitze erwärmen. Den Lauch, den Knoblauch und die Pilze hinzufügen und fünf Minuten dünsten, bis das Gemüse weich ist. Das Ganze zusammen mit dem Sherry in einen Mixer geben und pürieren.

2. Das Gemüsepüree in einen mittelgroßen Topf geben, die Rinderbrühe hinzufügen und aufkochen. Eine Minute kochen lassen, anschließend die Hitze reduzieren und drei Minuten leise köcheln lassen. Gelegentlich umrühren. Die Brühe in einen Fonduetopf umfüllen und zum Garen des Fleisches verwenden.

Tipp

Falls Sie keinen Lauch zur Hand haben, können Sie auch Zwiebeln verwenden.

Wenn Sie ein intensiveres Pilzaroma haben möchten, verwenden Sie einfach mehr Pilze.

Trennen Sie beim Waschen möglichst die Lauchschichten voneinander, damit Sie den Schmutz zwischen den einzelnen Schichten entfernen können.

Asiatisches Fusion-Rindfleisch

Vorbereitung

Bereiten Sie die Marinade zu und legen Sie das Fleisch mehrere Stunden darin ein.

Marinade

3 EL Hoisin-Sauce

3 EL würziges Mango-Chutney

2 EL Zitronensaft, frisch gepresst

1 EL Ingwer, gehackt

1 TL Zwiebelflocken, geröstet

1 Knoblauchzehe, gehackt

500 g Flank Steak oder Sirloin Steak, in dünne, etwa 2 ½ cm breite Streifen geschnitten

Brühe

1 ¼ l Rinderbrühe (fertig gekauft oder frisch zubereitet, siehe Seite 100)

1. *Marinade:* Die Hoisin-Sauce, das Chutney, den Zitronensaft, den Ingwer, die Zwiebelflocken und den Knoblauch in einer Schüssel verrühren.

2. Das Fleisch in eine flache Schüssel legen, die Marinade darübergeben und mit dem Fleisch vermengen, sodass es vollständig bedeckt ist. Zugedeckt mindestens eine Stunde im Kühlschrank ziehen lassen.

3. *Brühe:* Die Brühe in einem großen Topf aufkochen, sofort in einen Fonduetopf umfüllen und die Temperatur so einstellen, dass die Brühe simmert.

4. Die Fleischstreifen aus der Marinade nehmen, aufrollen, auf Fondue- gabeln spießen und drei bis fünf Minuten in der Brühe garen.

Tipp

Geröstete Zwiebelflocken entwickeln einen intensiveren Geschmack als normale Zwiebelflocken.

Falls Sie kein würziges Mango-Chut- ney zur Hand haben, verwenden Sie einen Teelöffel Chilipaste mit Knob- lauch für die Marinade.

Rinderbrühe mit Rotwein, Lauch und wilden Pilzen

4 Portionen

1 EL Olivenöl

1 Stange Lauch (nur den weißen Teil), gehackt

50 g wilde oder exotische Pilze (z. B. Shiitake oder Portobello), gehackt

1 ¼ l Rinderbrühe (fertig gekauft oder frisch zubereitet, siehe Seite 100)

175 ml Rotwein

1 TL Thymian, getrocknet

500 g Rinderfiletköpfe, in dünne, etwa 2 ½ cm breite Streifen geschnitten

1. Das Öl in einer großen Pfanne bei mittlerer Hitze erwärmen. Den Lauch und die Pilze hinzufügen und drei Minuten dünsten, bis das Gemüse weich, aber noch nicht gebräunt ist.

2. Die Rinderbrühe, den Rotwein und den Thymian hinzufügen und aufkochen. Die Hitze reduzieren und das Ganze zugedeckt 15 Minuten leise köcheln lassen. In einen Fonduetopf umfüllen.

3. Die aufgerollten Fleischstreifen auf Fonduegabeln spießen und etwa drei bis fünf Minuten in der Brühe garen.

Vorbereitung

Waschen und schneiden Sie den Lauch.

Bereiten Sie die Dips und Saucen vor.

Servieren mit …

… einer Auswahl an Saucen und Dips, z. B. Süßem-Senf-Dip, Meerrettich-Dip, Knoblauch-Aïoli oder pikanter Hot-Pepper-Sauce.

Gedünstete Shiitake-Pilze – mit ihren schirmförmigen Kappen und bräunlichen Lamellen – haben ein volles, nach Wald duftendes Aroma und eine fleischige Konsistenz. Die zähen Stängel werden in der Regel entfernt, in diesem Rezept werden sie jedoch mitgegart, um der Brühe zusätzliches Aroma zu verleihen.

Tipp

Shiitake-Pilze sollten in einer Papiertüte im Kühlschrank gelagert werden. So kann man sie bis zu 14 Tage aufbewahren.

Das Filet lässt sich am besten schneiden, solange es noch gekühlt ist. Schneiden Sie das Fleisch entgegen der Faserrichtung in dünne, etwa zweieinhalb Zentimeter breite Streifen. Rollen Sie die Streifen zusammen und legen Sie sie auf eine Servierplatte.

Jamaikanischer Feuertopf mit gewürztem Rindfleisch

Vorbereitung

Bereiten Sie die Marinade rechtzeitig zu und legen Sie das Fleisch mehrere Stunden darin ein.

Bereiten Sie die Brühe wie in Schritt 3 beschrieben zu. Geben Sie den Koriander erst kurz vor dem Servieren hinzu.

Servieren mit …

… Mango-Chutney, Thailändischer Erdnuss-Sauce, Chili-Essig.

Mit würziger Schärfe sowohl in der Marinade als auch in der Brühe ist dies ein wirklich pikantes Fondue – sorgen Sie also für ausreichend kalte Drinks!

Tipp

Koriander ist eines der ältesten bekannten Gewürze und wurde nachweislich vor 3.500 Jahren in Ägypten kultiviert. Er wird viel in der Küche Lateinamerikas, Chinas, Indiens und Thailands verwendet.

Wie bei den meisten Feuertöpfen ergibt die Brühe eine wundervolle Suppe, nachdem das Fleisch in ihr gegart wurde. Sobald etwa ein Viertel des Fleisches übrig ist, geben Sie es zusammen mit eingeweichten Glasnudeln oder vorgekochten Nudeln in die Brühe. Guten Appetit!

Marinade
2 EL Zitronensaft, frisch gepresst
1 EL Chilipulver
1 EL Pflanzenöl
½ TL Currypaste oder -pulver

500 g Rinderfiletköpfe, in dünne, etwa 2 ½ cm breite Streifen geschnitten

Brühe
1 EL Pflanzenöl
1 Zwiebel, gehackt
2 Knoblauchzehen, gehackt
1 ¼ l Rinderbrühe (fertig gekauft oder frisch zubereitet, siehe Seite 100)
2 Frühlingszwiebeln, gehackt
1 TL Ingwer, gehackt
½ TL Kreuzkümmel, gemahlen
½ TL Chiliflocken
½ TL Garam Masala
1 EL Koriander, gehackt

1. *Marinade:* Den Zitronensaft, das Chilipulver, das Öl, die Currypaste oder das -pulver mit einem Esslöffel Wasser in eine Schüssel geben und gut verrühren. Sollte die Marinade zu dickflüssig sein, nach und nach einen weiteren Esslöffel Wasser unterrühren.

2. Das Fleisch in eine flache Schüssel legen, die Marinade darübergeben und mit dem Fleisch vermengen, sodass es vollständig bedeckt ist. Zugedeckt mindestens eine Stunde im Kühlschrank ziehen lassen.

3. *Brühe:* Das Öl in einem großen Topf bei mittlerer Hitze erwärmen. Die Zwiebel und den Knoblauch hinzufügen und weich dünsten. Die Rinderbrühe zusammen mit den Frühlingszwiebeln, dem Ingwer, dem Kreuzkümmel, den Chiliflocken und dem Garam Masala hinzugeben. Aufkochen, anschließend die Hitze reduzieren und 15 Minuten leise köcheln lassen, damit sich die Aromen entfalten.

4. Den Koriander in die Brühe geben, abschmecken und gegebenenfalls nachwürzen. Bei hoher Hitze nochmals aufkochen und in einen Fonduetopf umfüllen.

5. Die Fleischstreifen aus der Marinade nehmen, aufrollen und auf Fonduegabeln spießen. Etwa drei bis fünf Minuten in der Brühe garen.

Fondue mit Ochsenschwanz-Pilz-Brühe

Brühe

1 EL Olivenöl

2 Zwiebeln, in Ringe geschnitten

2 Knoblauchzehen, gehackt

1 Riesenchampignon, gehackt

80 g Austernpilze, gehackt

1 TL Trüffelöl

1 Tüte (etwa 75 g) lösliche Ochsenschwanzsuppe

50 ml Rotwein

1 TL Worcestershire-Sauce

1 Lorbeerblatt

500 g Rinderfilet, in dünne, etwa 2 ½ cm breite Streifen geschnitten

Vorbereitung

Bereiten Sie die Brühe im Voraus zu und kochen Sie sie vor dem Servieren auf dem Herd nochmals auf. Füllen Sie sie anschließend in den Fonduetopf um.

Servieren mit …

… Süß-saurer Sauce, Honig-Senf-Dip, Gremolata.

1. *Brühe:* Das Öl in einem großen Topf bei mittlerer Hitze erwärmen. Die Zwiebeln und den Knoblauch hinzufügen und dünsten. Die Hitze reduzieren und die Pilze und das Trüffelöl hinzugeben und weiter dünsten, bis die Pilze weich sind. Die lösliche Ochsenschwanzsuppe, den Wein, die Worcestershire-Sauce, das Lorbeerblatt und einen Liter Wasser hinzufügen und aufkochen. Die Brühe zugedeckt 15 Minuten leise köcheln lassen. Falls die Brühe zu dickflüssig wird, 125 Milliliter kochendes Wasser hinzufügen. In einen Fonduetopf umfüllen und bei entsprechend eingestellter Temperatur simmern lassen.

2. Die Fleischstreifen auf Fonduegabeln spießen und etwa drei bis fünf Minuten in der Brühe garen.

Tipp

Sie können auch Fleisch aus der Lende statt Filet verwenden.

Falls Sie das Fondue als Hauptgericht servieren möchten, reichen Sie eine Gemüseplatte mit Brokkoli- und Blumenkohlröschen, Zucchinischeiben und roter und grüner Paprika dazu und garen Sie sie nach Belieben in der Brühe. Sobald etwa ein Viertel des Fleisches übrig ist, geben Sie es zusammen mit dem restlichen Gemüse in die Brühe und lassen Sie es einige Minuten garen. Fügen Sie noch eingeweichte und abgetropfte Glasnudeln oder gekochte Muschelnudeln hinzu und servieren Sie das Ganze als Suppe zum Abschluss Ihres Menüs.

Schnelle Zwiebelbrühe mit Rindfleisch

500 g Rinderfilet oder Flank Steak, in dünne, etwa 2 ½ cm breite Streifen geschnitten

Brühe

1 Tüte (etwa 40 g) lösliche Zwiebelsuppe

1 Bund Petersilie, gehackt

1 EL Rotweinessig

1 TL Worcestershire-Sauce

¼ TL Thymian, getrocknet

¼ TL schwarzer Pfeffer, frisch gemahlen

Vorbereitung

Bereiten Sie die Brühe im Voraus zu und kochen Sie sie vor dem Servieren auf dem Herd nochmals auf. Füllen Sie sie anschließend in den Fonduetopf um.

Servieren mit …

… Chili-Knoblauch-Sauce, Süßem-Senf-Dip, Meerrettich-Dip.

1. Die Fleischstreifen aufrollen, auf eine Servierplatte legen und zugedeckt beiseitestellen.

2. *Brühe:* Die lösliche Zwiebelsuppe, die Petersilie, den Rotweinessig, die Worcestershire-Sauce, den Thymian und den Pfeffer mit einem Liter Wasser in einen großen Topf geben und aufkochen. Die Hitze reduzieren und zugedeckt 15 Minuten leise köcheln lassen. In einen Fonduetopf umfüllen und bei entsprechend eingestellter Temperatur simmern lassen.

3. Die aufgerollten Fleischstreifen auf Fonduegabeln spießen und etwa drei bis fünf Minuten in der Brühe garen.

Tipp

Sie können auch Lammkeule oder -lende statt Rinderfilet verwenden.

Sobald Sie das Fondue beendet haben, können Sie aus der Brühe eine französische Zwiebelsuppe zaubern, indem Sie die Brühe in Suppenschalen füllen und Croûtons und Schweizer Käse darübergeben.

Schneller asiatischer Feuertopf

4 Portionen

Brühe

1 ¼ l Rinderbrühe (fertig gekauft oder frisch zubereitet, siehe Seite 100)

2 Frühlingszwiebeln, gehackt

2 Knoblauchzehen, gehackt

4–6 Shiitake-Pilze, gehackt

2 EL Koriander, gehackt

2 EL Ingwer, gehackt

2 EL japanische Sojasauce

Gemüseplatte

8 Pak Choi-Blätter, in etwa 5 cm breite Streifen geschnitten

60 g Spinatblätter, in etwa 2 ½ cm breite Streifen geschnitten

1 Dose Bambussprossen, abgetropft

2 Frühlingszwiebeln, gehackt

180 g Brokkoliröschen

500 g Rinderfilet, in dünne, etwa 2 ½ cm breite Streifen geschnitten

125 g chinesische Eiernudeln, gekocht

1. *Brühe:* Die Rinderbrühe in einem großen Topf aufkochen. Die Frühlingszwiebeln, den Knoblauch, die Pilze, den Koriander, den Ingwer und die Sojasauce hinzufügen. Die Hitze reduzieren und die Brühe zugedeckt 15 Minuten leise köcheln lassen. Sofort in einen Fonduetopf umfüllen.

2. *Gemüseplatte:* Den Pak Choi, den Spinat, die Bambussprossen, die Frühlingszwiebeln und die Brokkoliröschen auf einer Servierplatte arrangieren.

3. Die Fleischstreifen auf Fonduegabeln spießen, etwa drei bis fünf Minuten garen und zu den Dips reichen. Anschließend den Brokkoli in der Brühe bissfest garen.

4. Sobald das Fleisch verzehrt ist, das übrige Gemüse und die Eiernudeln in die Brühe geben und drei bis fünf Minuten ziehen lassen. Die Brühe und das Gemüse in Suppenschalen verteilen. Mit Saucen-Dip à la Mongolischer Feuertopf (siehe Seite 190) oder Chili-Knoblauch-Sauce servieren.

Vorbereitung

Bereiten Sie die Brühe im Voraus zu und kochen Sie sie vor dem Servieren auf dem Herd nochmals auf. Füllen Sie sie anschließend in den Fonduetopf um.

Bereiten Sie die Gemüseplatte sowie die Dips vor.

Servieren mit …

… Wasabi-Mayonnaise, Saucen-Dip à la Mongolischer Feuertopf, Chili-Knoblauch-Sauce, Thailändischer Erdnuss-Sauce, Asiatischem Saucen-Dip.

Tipp

Kochen Sie die chinesischen Eiernudeln etwa acht Minuten, gießen Sie sie anschließend ab und stellen Sie sie beiseite. Sie können auch Reisnudeln oder Glasnudeln verwenden. Diese sollten Sie jedoch erst kurz vor dem Servieren zubereiten.

Fondue mit Rindfleisch in Senfmarinade

Vorbereitung

Bereiten Sie die Marinade zu und legen Sie das Fleisch mehrere Stunden darin ein.

Servieren mit …

… Honig-Dill-Dip, Meerrettich-Dip, Blauschimmelkäse-Dip.

Marinade

2 TL Senfpulver

3–4 EL Dijon-Senf

2 TL brauner Zucker

1 EL Pflanzenöl

Salz und frisch gemahlener schwarzer Pfeffer nach Geschmack

500 g Rinderfilet, in dünne, etwa 2 ½ cm breite Streifen geschnitten

Brühe

1 ¼ l Rinderbrühe (fertig gekauft oder frisch zubereitet, siehe Seite 100)

1. *Marinade:* Das Senfpulver in vier Teelöffeln Wasser in einer Schüssel verrühren, bis das Pulver vollständig aufgelöst ist. Den Senf, den Zucker, das Öl, etwas Salz und Pfeffer unterrühren.

2. Die Fleischstreifen in eine flache Schüssel legen, die Marinade darübergeben und mit dem Fleisch vermengen, sodass es vollständig bedeckt ist. Zugedeckt mindestens eine Stunde im Kühlschrank ziehen lassen.

3. *Brühe:* Die Brühe in einem großen Topf bei starker Hitze aufkochen und sofort in einen Fonduetopf füllen. Die Temperatur so einstellen, dass die Brühe simmert.

4. Das Fleisch aus der Marinade nehmen, aufrollen und auf Fonduegabeln spießen. Etwa drei bis fünf Minuten in der Brühe garen.

Es gibt etwa 40 unterschiedliche Senfpflanzen, die sich vor allem bezüglich ihrer Samen unterscheiden, die für die Herstellung der verschiedenen Senfsorten verwendet werden. Aber auch die Blätter sind zum Verzehr geeignet.

Lamm-Fondue mit Dijon-Senf und Rosmarin (Seite 79)

Hawaiianisches Schweinefleisch (Seite 74) mit Mango-Salsa (Seite 186)

Kokos-Shrimps (Seite 89)

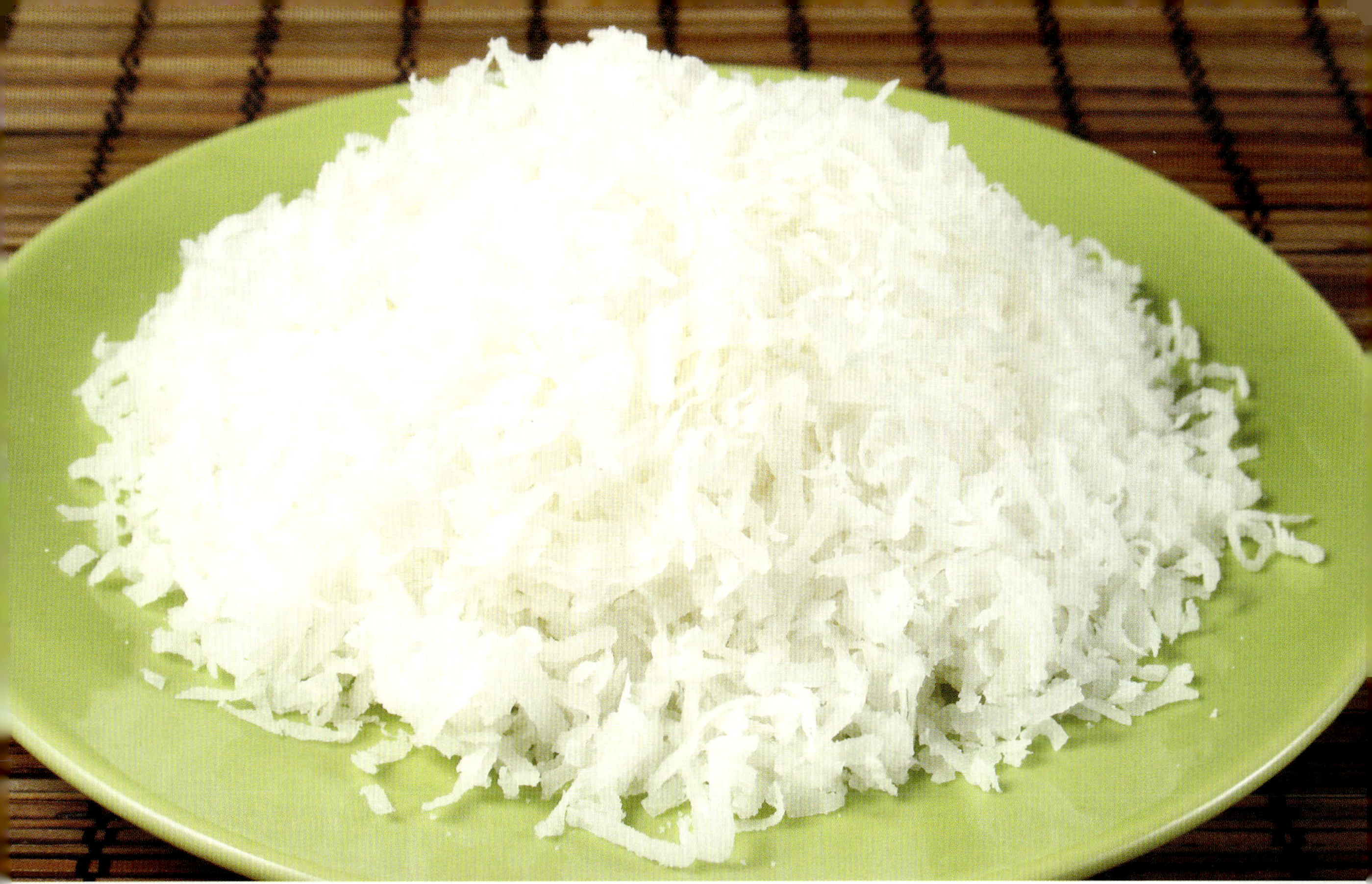

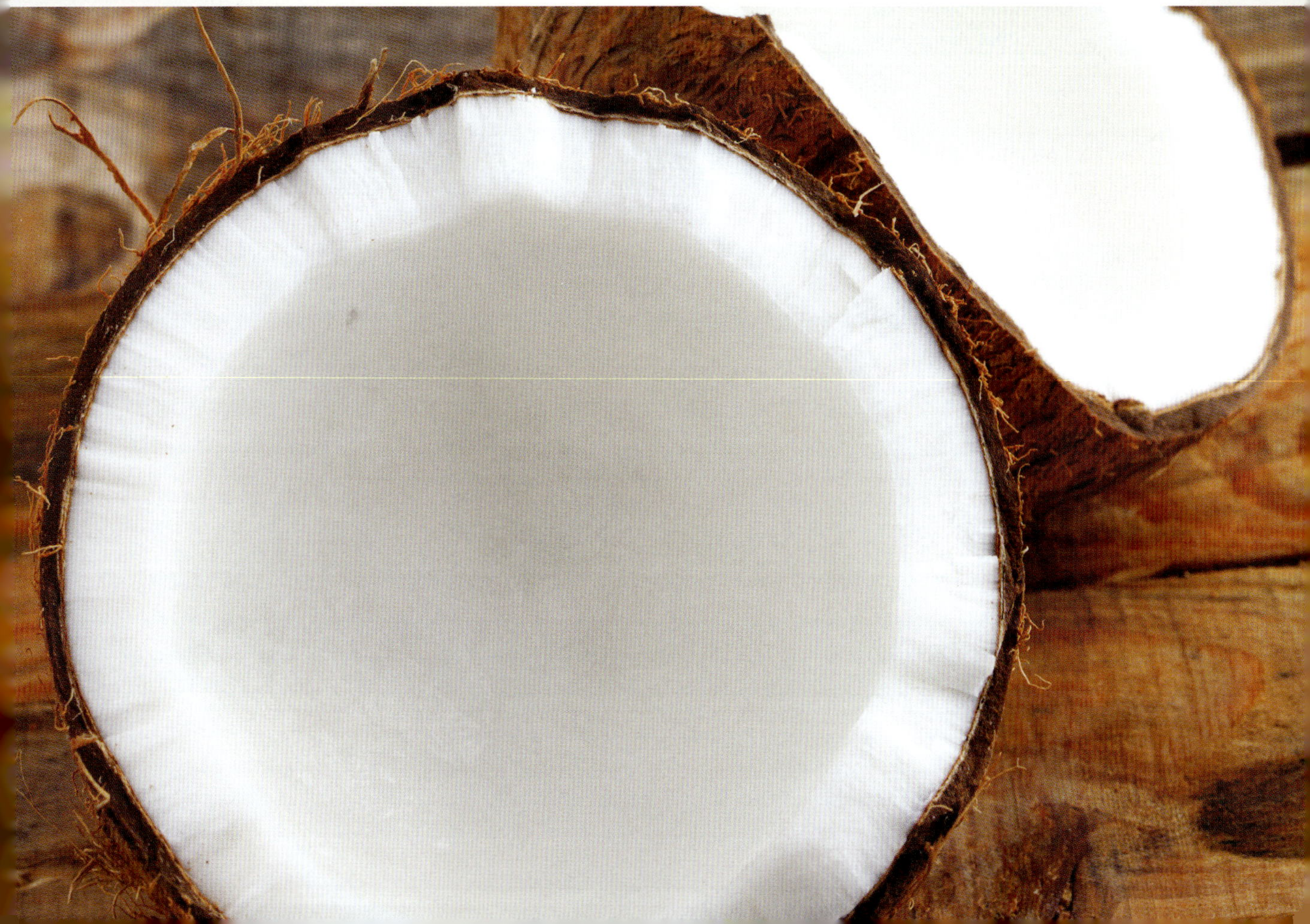

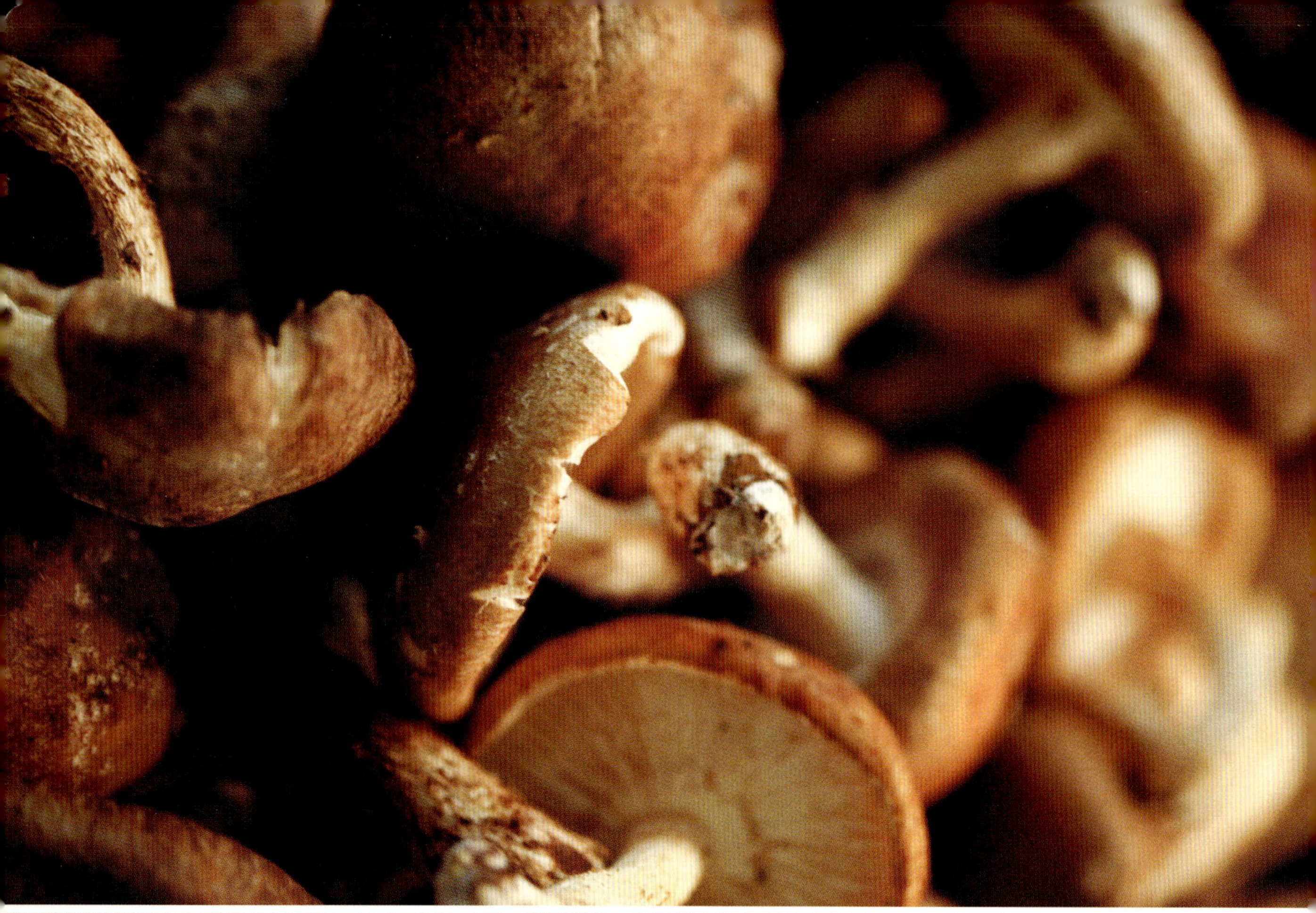

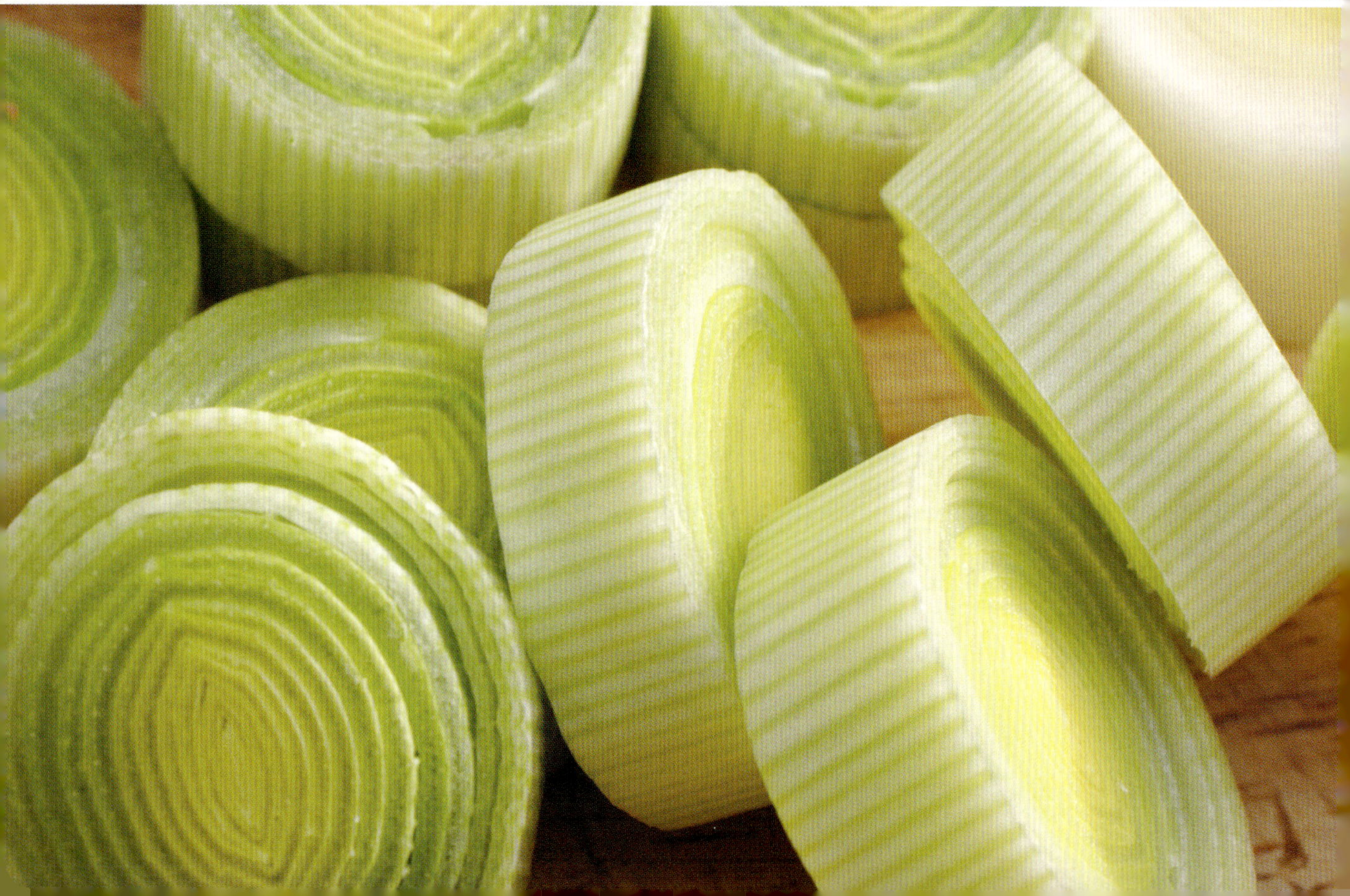

Rinderbrühe mit Rotwein, Lauch
und wilden Pilzen (Seite 107)

Mit Käse gefüllte Jalapeños (Seite 96)

Nordafrikanisches Rindfleisch-Fondue

Marinade

2 Knoblauchzehen

1 Stück Ingwer (etwa 2–3 cm)

2 EL Petersilie, gehackt

1 EL Olivenöl

4 TL Pistazien, gehackt

1 TL Sieben-Gewürze-Pulver

500 g Flank Steak oder Sirloin Steak, in dünne, etwa 2 ½ cm breite Streifen geschnitten

Brühe

1 ¼ l Rinderbrühe (fertig gekauft oder frisch zubereitet, siehe Seite 100)

Vorbereitung

Bereiten Sie die Marinade zu und legen Sie das Fleisch mehrere Stunden darin ein.

1. *Marinade:* Den Knoblauch und den Ingwer im Mixer pürieren. 50 Milliliter Wasser, die Petersilie, das Öl, die Pistazien und das Sieben-Gewürze-Pulver hinzugeben und pürieren, bis eine geschmeidige Paste entsteht.

2. Die Fleischstreifen in eine flache Schüssel legen, die Marinade darübergeben und mit dem Fleisch vermengen, sodass es vollständig bedeckt ist. Zugedeckt mindestens eine Stunde im Kühlschrank ziehen lassen.

3. *Brühe:* Die Brühe in einem großen Topf bei starker Hitze aufkochen und sofort in einen Fonduetopf füllen. Die Temperatur so einstellen, dass die Brühe simmert

4. Das Fleisch aus der Marinade nehmen, aufrollen und auf Fonduegabeln spießen. Etwa drei bis fünf Minuten in der Brühe garen.

Servieren mit …

… Koriander-Coulis, Hummus, Hot-Pepper-Sauce.

Tipp

Das Sieben-Gewürze-Pulver – bestehend aus Piment, schwarzem Pfeffer, Zimt, Ingwer, Bockshornklee, Muskatnuss und Gewürznelke – wird vor allem in der arabischen und nordafrikanischen Küche verwendet. Es verleiht dem Rindfleisch einen einzigartigen, würzigen Geschmack.

Sukiyaki

4 bis 6 Portionen

Vorbereitung

Bereiten Sie die Suiyaki-Sauce vor und setzen Sie die Brühe an. Erhitzen Sie diese kurz vor dem Servieren und füllen Sie sie in den Fonduetopf um.

Schneiden Sie das Gemüse und den Tofu klein.

Servieren mit …

… Wasabi-Mayonnaise, Asiatischem Saucen-Dip, Tamari-Sauce.

Japanisches Sukiyaki besteht in der Regel aus Rindfleisch und Gemüse, das in einer würzigen Sojasauce geschmort und mit geschlagenem Eigelb und Reis serviert wird. Das Gericht wird traditionell am Tisch zubereitet – in einem gusseisernen Topf auf einem Tischgrill. In diesem Rezept habe ich die Sauce übernommen (wenngleich sie in einem Topf auf dem Herd zubereitet wird) und der asiatischen Feuertopfmethode angeglichen.

Tipp

Weichen Sie die Glasnudeln 20 Minuten in heißem Wasser ein. Gießen Sie sie danach durch ein Sieb und schneiden Sie sie klein, bevor Sie sie in den Fonduetopf geben.

Sukiyaki-Sauce

1 EL Zucker

125 ml Tamari-Sojasauce

125 ml Rinderbrühe (fertig gekauft oder frisch zubereitet, siehe unten)

2 EL Sake

2 EL Pflanzenöl

500 g Rinderfilet, in dünne, etwa 2 ½ cm breite Streifen geschnitten

Schnelle asiatische Brühe

1 ¼ l Rinderbrühe (fertig gekauft oder frisch zubereitet, siehe Seite 100)

1 TL Ingwer, gehackt

1 Knoblauchzehe, gehackt

125 ml Sukiyaki-Sauce (siehe oben)

125 g Bohnensprossen, gewaschen und geputzt

100 g Pilze, halbiert

1 Dose (230 ml) Bambussprossen, abgetropft

175 g Pak Choi, in Streifen geschnitten

175 g Tofu, gewürfelt

125 g Glasnudeln, eingeweicht und abgetropft

2 Frühlingszwiebeln, gehackt

1. *Sukiyaki-Sauce:* Den Zucker, die Sojasauce, die Rinderbrühe und den Sake in einer Schüssel verrühren.

2. Das Öl in einer Pfanne bei mittlerer Hitze erwärmen. Das Fleisch hinzufügen und etwa zwei Minuten anbraten. Die Hälfte der Sukiyaki-Sauce (125 Milliliter) hinzugeben und dünsten, bis das Fleisch gar ist. Das Fleisch auf eine Servierplatte geben.

3. *Schnelle asiatische Brühe:* Die Rinderbrühe, den Ingwer, den Knoblauch und den Rest der Sukiyaki-Sauce in einem großen Topf verrühren und aufkochen. Die Hitze reduzieren und 15 Minuten leise köcheln lassen.

4. Die Brühe in einen Fonduetopf umfüllen und die Temperatur so einstellen, dass die Brühe simmert. Die Bohnensprossen, die Pilze, die Bambussprossen, den Pak Choi, den Tofu, die Glasnudeln und die Frühlingszwiebeln hinzufügen. Die Brühe mit den Nudeln in Suppenschalen füllen. Zum Herausnehmen des Gemüses und des Tofus ein Fonduekörbchen verwenden. Das Rindfleisch auf die Suppenschalen verteilen.

Paella-Fondue

Brühe

1 EL Olivenöl

1 Zwiebel, gehackt

2 Knoblauchzehen, gehackt

½ grüne Paprika, entkernt und gehackt

½ rote Paprika, entkernt und gehackt

1 ¼ l Rinderbrühe (fertig gekauft oder frisch zubereitet, siehe Seite 100)

2 Dosen (je 400 g) Tomaten, mit Saft

375 ml trockener Weißwein

1 Lorbeerblatt

3–4 EL Koriander, gehackt

½ TL Thymian, getrocknet

¼ TL Chiliflocken

1 Prise Safran, zerkrümelt

Salz und frisch gemahlener schwarzer Pfeffer nach Geschmack

500 g Rinderfilet, in dünne, etwa 2 ½ cm breite Streifen geschnitten

Vorbereitung

Bereiten Sie die Brühe im Voraus zu und kochen Sie sie vor dem Servieren auf dem Herd nochmals auf. Füllen Sie sie anschließend in den Fonduetopf um.

Servieren mit …

... Gremolata, Aïoli mit roter Paprika, Koriander-Coulis.

1. *Brühe:* Das Öl in einem großen Topf bei mittlerer Hitze erwärmen. Die Zwiebeln, den Knoblauch, die rote und die grüne Paprika hinzufügen und weich dünsten. Die Rinderbrühe, die Tomaten, den Wein, das Lorbeerblatt, den Koriander, den Thymian, die Chiliflocken, den Safran, etwas Salz und Pfeffer hinzufügen und aufkochen. Zugedeckt 30 Minuten leise köcheln lassen. Sollte die Brühe zu dickflüssig sein, maximal 125 Milliliter kochendes Wasser hinzufügen. In einen Fonduetopf füllen und die Temperatur so einstellen, dass die Brühe simmert.

2. Das Fleisch auf Fonduegabeln spießen und etwa drei bis fünf Minuten in der Brühe garen.

Tipp

Safran, auch wenn er nicht unbedingt billig ist, ist in diesem Rezept unerlässlich, um das typische Paella-Aroma zu erhalten – Sie benötigen allerdings nur einige Fäden für den unvergleichlichen Geschmack.

Servieren Sie das Fondue mit entbeinten Hähnchenschenkeln, Peperoni, Brühwurst und Shrimps für ein echtes Paella-Erlebnis.

Würziges Rindfleisch-Fondue

4 Portionen

Vorbereitung

Bereiten Sie die Marinade zu und legen Sie das Fleisch mehrere Stunden darin ein.

Servieren mit …

… Pflaumen-Sauce, Süß-saurer Sauce, Aïoli.

Marinade

2 EL Zucker

50 ml Olivenöl

4 Knoblauchzehen, gehackt

4 TL Currypulver

4 TL Koriander, gemahlen

1 TL Kreuzkümmel, gemahlen

¼ TL Zimt, gemahlen

½ TL Ingwer, gerieben

½ TL Salz

frisch gemahlener schwarzer Pfeffer nach Geschmack

500 g Rinderfilet oder Flank Steak, in dünne, etwa 2 ½ cm breite Streifen geschnitten

Brühe

1 ¼ l Rinderbrühe (fertig gekauft oder frisch zubereitet, siehe Seite 100)

1. *Marinade:* Den Zucker und das Olivenöl in einer Schüssel verrühren. Den Knoblauch, das Currypulver, den Koriander, den Kreuzkümmel, den Zimt, den Ingwer, das Salz und etwas Pfeffer hinzufügen und verrühren, bis eine gleichmäßige Paste entsteht.

2. Die Fleischstreifen in eine flache Schüssel legen, die Marinade darübergeben und mit dem Fleisch vermengen, sodass es vollständig bedeckt ist. Zugedeckt mindestens eine Stunde im Kühlschrank ziehen lassen.

3. *Brühe:* Die Brühe in einem großen Topf bei starker Hitze aufkochen und sofort in einen Fonduetopf füllen. Die Temperatur so einstellen, dass die Brühe simmert.

4. Das Fleisch aus der Marinade nehmen, aufrollen und auf Fondue-gabeln spießen. Etwa drei bis fünf Minuten in der Brühe garen.

Tipp

Dieses delikate Fondue können Sie auch mit Flank Steak zubereiten – ein weniger teures Stück, das durch die Marinade sehr zart wird. Geben Sie das Fleisch zwei bis acht Stunden in die Marinade. Schneiden Sie das Fleisch immer entgegen der Faser-richtung.

Teriyaki-Rindfleisch-Fondue

Marinade

3 EL Sojasauce

1 EL Pflanzenöl

1 EL Honig

2 TL Ingwer, gehackt

1 Knoblauchzehe, gehackt

500 g Rinderfilet, in dünne, etwa
2 ½ cm breite Streifen geschnitten

Brühe

1 ¼ l Rinderbrühe (fertig gekauft oder
frisch zubereitet, siehe Seite 100)

75 ml Sojasauce

2 EL brauner Zucker

1 EL Cidre-Essig

1 EL Sake oder trockener Sherry

2 Knoblauchzehen, gehackt

1 EL Ingwer, gehackt

Vorbereitung

Bereiten Sie die Marinade zu
und legen Sie das Fleisch mehrere
Stunden darin ein.

Servieren mit …

… Dijonnaise, Asiatischem Saucen-
Dip, Süß-saurer Sauce.

1. *Marinade:* Die Sojasauce, das Öl, den Honig, den Ingwer, den Knoblauch und einen Esslöffel Wasser in eine Schüssel geben und gut
   verrühren.

2. Die Fleischstreifen in eine flache Schüssel legen, die Marinade darübergeben und mit dem Fleisch vermengen, sodass es vollständig
   bedeckt ist. Zugedeckt mindestens 30 Minuten im Kühlschrank ziehen
   lassen.

3. *Brühe:* Die Rinderbrühe, die Sojasauce, den Zucker, den Essig, den
   Sake bzw. den Sherry, den Knoblauch und den Ingwer in einen großen
   Topf geben und aufkochen. Die Hitze reduzieren und die Brühe zugedeckt 20 bis 30 Minuten leise köcheln lassen. In einen Fonduetopf
   füllen und die Temperatur so einstellen, dass die Brühe simmert.

4. Das Fleisch aus der Marinade nehmen, aufrollen und auf Fonduegabeln spießen. Etwa drei bis fünf Minuten in der Brühe garen.

Tipp

Bereiten Sie dieses Rezept auch
einmal mit Hähnchenbrust ohne
Haut und Knochen zu.

Cocktailwürstchen

250 ml Weingelee oder Schwarzes Johannisbeergelee

75 ml Senf

500 g Cocktailwürstchen oder Hot Dogs, in mundgerechte Stücke geschnitten

Vorbereitung

Obwohl dieses Fondue schnell zubereitet ist, sind doch einige kleinere Vorbereitungen nötig! Sie können das Senf-Gelee im Voraus zubereiten und es vor dem Servieren einfach auf dem Herd eine Minute aufkochen und anschließend direkt in den Fonduetopf füllen.

1. Das Gelee und den Senf in einem großen Topf bei mittlerer Hitze erwärmen. Unter häufigem Rühren aufkochen und etwa eine Minute kochen lassen, bis die Sauce leicht reduziert ist. Sofort in einen Fonduetopf füllen und die Temperatur so einstellen, dass die Sauce simmert.

2. Die Würstchen auf Fonduegabeln spießen und etwa fünf Minuten garen, bis die Würstchen Blasen werfen.

Dieses schnelle und leichte Rezept kommt bei Kindern sehr gut an. Mein jüngster Sohn, Evan, liebt es! Die Hot Dogs werden in süße Sauce gegeben, daher ist kein zusätzlicher Dip nötig.

Kalbs-Fondue mit Parmesan

500 g Kalbsschnitzel, in etwa 2 ½ cm breite Streifen geschnitten

¼ TL Knoblauchpulver

¼ TL Zitronenpfeffer

¼ TL Salz

Brühe

1 EL Olivenöl

1 kleine Zwiebel, gehackt

2 Knoblauchzehen, gehackt

625 ml Rinderbrühe (fertig gekauft oder frisch zubereitet, siehe Seite 100)

1 Dose (400 g) gehackte Tomaten, mit Saft

4 TL Tomatenmark

½ TL Oregano, getrocknet

½ TL Basilikum, getrocknet

60 g Parmesan, frisch gerieben

Vorbereitung

Bereiten Sie die Brühe im Voraus zu und kochen Sie sie vor dem Servieren auf dem Herd nochmals auf. Füllen Sie sie anschließend in den Fonduetopf um.

1. Die Kalbsschnitzelstreifen mit dem Knoblauchpulver, dem Zitronenpfeffer und dem Salz würzen. Aufrollen und mindestens eine Stunde zugedeckt im Kühlschrank ruhen lassen.

2. Das Öl in einem großen Topf bei mittlerer Hitze erwärmen. Die Zwiebel und den Knoblauch hinzufügen und weich dünsten. Die Rinderbrühe, die Tomaten, das Tomatenmark, den Oregano und das Basilikum hinzufügen und aufkochen. Die Hitze reduzieren und 20 Minuten leise köcheln lassen. In einen Fonduetopf füllen und die Temperatur so einstellen, dass die Brühe simmert.

3. Die Fleischröllchen auf Fonduegabeln spießen und etwa fünf bis sechs Minuten in die Brühe tauchen, bis das Fleisch gar ist. Anschließend im Parmesan wälzen.

Servieren mit …

… Zitronen-Sauce, Süßem-Senf-Dip, Pasta und gedämpftem Spargel.

Die „Brühe" in diesem Rezept gleicht eher einer Tomatensauce. Daher benötigt das Fleisch eine längere Garzeit.

Italienische Hochzeitsbrühe mit Kalbfleisch

500 g Kalbsschnitzel, in etwa 2 ½ cm breite Streifen geschnitten

Brühe

1 ¼ l Hühnerbrühe (fertig gekauft oder frisch zubereitet, siehe Seite 101)

2 Knoblauchzehen, gehackt

2 EL Petersilie, gehackt (oder 2 TL getrocknete)

1 EL Basilikum, gehackt (oder 1 TL getrocknetes)

2 EL Italienische Gewürzmischung

150 g Spinat, gehackt

Vorbereitung

Bereiten Sie die Brühe im Voraus zu und kochen Sie sie vor dem Servieren auf dem Herd nochmals auf. Füllen Sie sie anschließend in den Fonduetopf um.

Servieren mit …

… Aïoli mit roter Paprika, Gremolata, Honig-Senf-Dip.

1. Die Streifen vom Kalbsschnitzel aufrollen, auf eine Servierplatte legen und zugedeckt beiseitestellen.

2. *Brühe:* Die Hühnerbrühe, den Knoblauch, die Petersilie, das Basilikum und die Italienische Gewürzmischung in einem großen Topf aufkochen. Die Hitze reduzieren und das Ganze zehn Minuten zugedeckt leise köcheln lassen. Den Spinat hinzufügen und weitere fünf Minuten köcheln lassen. In einen Fonduetopf füllen und die Temperatur so einstellen, dass die Brühe simmert.

3. Das Fleisch auf Fonduegabeln spießen und etwa drei bis fünf Minuten in die Brühe tauchen, bis das Fleisch gar ist.

Tipp

Statt Kalbfleisch können Sie auch Rinderfilet verwenden.

Nach dem Fondue können Sie gekochte Pasta (z. B. kleine Muschelnudeln) in die Brühe geben, und schon haben Sie eine wundervolle Suppe.

Fondue mit Kalbfleisch und wilden Pilzen

4 Portionen

Marinade

3 EL wilde oder exotische Pilze, getrocknet

2 Knoblauchzehen, gehackt

1 EL Olivenöl

2 TL Balsamico

¼ TL Rosmarin, getrocknet

¼ TL Thymian, getrocknet

¼ TL grobes Salz

frisch gemahlener schwarzer Pfeffer nach Geschmack

500 g Kalbsschnitzel, in etwa 2 ½ cm breite Streifen geschnitten

Brühe

1 ¼ l Rinderbrühe (fertig gekauft oder frisch zubereitet, siehe Seite 100)

½ Dose (200 g) gehackte Tomaten

125 ml Rotwein

1 TL Chili-Knoblauch-Paste

1 TL Zucker

Vorbereitung

Bereiten Sie die Marinade zu und legen Sie das Fleisch mehrere Stunden darin ein.

Servieren mit …

… Würziger Mayonnaise, Süßem-Senf-Dip, Pflaumen-Sauce.

1. *Marinade:* Die getrockneten Pilze etwa 15 Minuten in heißem Wasser einweichen und ausdrücken.

2. Die eingeweichten Pilze, den Knoblauch, das Öl, den Balsamico, den Rosmarin, den Thymian, das Salz, einen Esslöffel Wasser und etwas Pfeffer in einen Mixer geben und pürieren, bis eine glatte Paste entsteht.

3. Die Fleischstreifen in eine flache Schüssel legen, die Marinade darübergeben und mit dem Fleisch vermengen, sodass es vollständig bedeckt ist. Zugedeckt mindestens eine Stunde im Kühlschrank ziehen lassen.

4. *Brühe:* Die Rinderbrühe, die Tomaten, den Wein, die Chili-Knoblauch-Paste und den Zucker in einen großen Topf geben und aufkochen. Die Hitze reduzieren und die Brühe 15 Minuten zugedeckt leise köcheln lassen. Sofort in einen Fonduetopf füllen und die Temperatur so einstellen, dass die Brühe simmert.

5. Das Fleisch aus der Marinade nehmen, aufrollen, auf Fonduegabeln spießen und etwa drei bis fünf Minuten in der Brühe garen.

Tipp

Grobes Salz ist ein großartiger Geschmacksverstärker, und man benötigt eine geringere Menge als bei der Verwendung von Tafelsalz.

Würziges Rind- oder Schweinefleisch-Fondue

Vorbereitung
Bereiten Sie die Marinade zu und legen Sie das Rinder- bzw. das Schweinefilet mehrere Stunden darin ein.

Servieren mit …
… Pflaumen-Sauce, Süßem-Senf-Dip, japanischer Sojasauce, Meerrettich-Dip.

Marinade

½ TL Senfpulver

¼ TL Kreuzkümmel, gemahlen

1 Prise Pimentpulver

1 Prise Nelkenpulver

50 ml Cidre-Essig

50 ml Pflaumenmarmelade

Salz und frisch gemahlener schwarzer Pfeffer nach Geschmack

500 g Rinder- oder Schweinefilet, in dünne, etwa 2 ½ cm breite Streifen geschnitten

Brühe

1 ¼ l Rinderbrühe (fertig gekauft oder frisch zubereitet, siehe Seite 100)

1. *Marinade:* Das Senfpulver, den Kreuzkümmel, das Piment- und das Nelkenpulver, den Essig, die Marmelade, 50 Milliliter Wasser, etwas Salz und Pfeffer in einem großen Topf unter ständigem Rühren bei mittlerer Hitze aufkochen. Vom Herd nehmen und beiseitestellen.

2. Die Fleischstreifen in eine flache Schüssel legen, die Marinade darübergeben und mit dem Fleisch vermengen, sodass es vollständig bedeckt ist. Zugedeckt mindestens eine Stunde im Kühlschrank ziehen lassen.

3. *Brühe:* Die Rinderbrühe in einen großen Topf geben und bei starker Hitze aufkochen. Sofort in einen Fonduetopf füllen und die Temperatur so einstellen, dass die Brühe simmert.

4. Das Fleisch aus der Marinade nehmen, aufrollen, auf Fonduegabeln spießen und etwa drei bis fünf Minuten garen.

Dieses leckere Fondue schmeckt sowohl Kindern als auch Erwachsenen.

Tipp
Servieren Sie dieses Fondue zusammen mit Klassischem Schweizer Käsefondue (siehe Seite 8).

Mit Aprikosen glasiertes Schweinefilet

4 Portionen

Marinade

150 g Aprikosen aus der Dose, abgetropft

1 EL brauner Zucker

1 EL Ketchup

2 TL Zitronensaft, frisch gepresst

1 TL Dijon-Senf

½ TL Hot-Pepper-Sauce (optional)

¼ TL Ingwer, gerieben

¼ TL Knoblauchpulver

Salz und frisch gemahlener schwarzer Pfeffer nach Geschmack

500 g Schweinefilet, in dünne, etwa 2 ½ cm breite Streifen geschnitten

Brühe

1 ¼ l Schnelle Zwiebelbrühe (siehe Seite 110)

Vorbereitung

Bereiten Sie die Marinade zu und legen Sie das Schweinefleisch mehrere Stunden darin ein.

1. *Marinade:* Die Aprikosen im Mixer pürieren. Den Zucker, den Ketchup, den Zitronensaft, den Senf, die Hot-Pepper-Sauce, (optional), den Ingwer, das Knoblauchpulver, etwas Salz und Pfeffer hinzufügen und zu einer glatten Paste pürieren.

2. Die Fleischstreifen in eine flache Schüssel legen, die Marinade darübergeben und mit dem Fleisch vermengen, sodass es vollständig bedeckt ist. Zugedeckt mindestens eine Stunde im Kühlschrank ziehen lassen.

3. *Brühe:* Die Brühe in einen großen Topf geben und aufkochen. Sofort in einen Fonduetopf füllen und die Temperatur so einstellen, dass die Brühe simmert.

4. Das Fleisch aus der Marinade nehmen, aufrollen, auf Fonduegabeln spießen und etwa drei bis fünf Minuten garen.

Servieren mit …

… Tzatziki, Honig-Senf-Dip, Zitronen-Sauce.

Tipp

Sie können die Aprikosen aus der Dose auch durch Aprikosenpüree ersetzen (Babynahrung). Vermischen Sie die Zutaten mit der Hand statt mit einem Mixer.

Schweinefilet-Fondue mit Orangensaft

Vorbereitung

Bereiten Sie die Marinade zu und legen Sie das Schweinefilet mehrere Stunden darin ein.

Marinade

250 ml Orangesaft, frisch

1 EL Zwiebelflocken, getrocknet

2 TL brauner Zucker

1 TL Orangenabrieb

½ TL Oregano, getrocknet

¼ TL Thymian, getrocknet

Salz und frisch gemahlener schwarzer Pfeffer nach Geschmack

500 g Schweinefilet, in dünne, etwa 2 ½ cm breite Streifen geschnitten

Brühe

1 ¼ l Rinderbrühe (fertig gekauft oder frisch zubereitet, siehe Seite 100)

Servieren mit …

… Joghurt-Dip mit Minze, Süßem-Senf-Dip, Zitronen-Sauce.

1. *Marinade:* Den Orangesaft, die Zwiebelflocken, den Zucker, den Orangenabrieb, den Oregano, den Thymian, etwas Salz und Pfeffer in eine Schüssel geben und gut vermischen.

2. Die Fleischstreifen in eine flache Schüssel legen, die Marinade darübergeben und mit dem Fleisch vermengen, sodass es vollständig bedeckt ist. Zugedeckt mindestens eine Stunde im Kühlschrank ziehen lassen.

3. *Brühe:* Die Rinderbrühe in einen großen Topf geben und aufkochen. Sofort in einen Fonduetopf füllen und die Temperatur so einstellen, dass die Brühe simmert.

4. Das Fleisch aus der Marinade nehmen, aufrollen, auf Fonduegabeln spießen und etwa drei bis fünf Minuten garen.

Tipp

Ein Zester ist ideal, um die aromatische Schale von Orangen oder Zitronen – ohne die bittere weiße Schicht darunter – abzureiben. Falls Sie keinen Zester zur Hand haben, können Sie auch eine feine Reibe verwenden, aber achten Sie darauf, nur die Schale abzureiben.

Thailändisches Schweinefleisch-Fondue mit Zitronengras-Brühe

4 Portionen

Marinade

50 ml Limettensaft, frisch gepresst

2 EL Pflanzenöl

2 Knoblauchzehen, gehackt

1 TL Koriander, gemahlen

1 Prise Cayennepfeffer

Salz und frisch gemahlener schwarzer Pfeffer nach Geschmack

500 g Schweinefilet, in dünne, etwa 2 ½ cm breite Streifen geschnitten

Brühe

2 TL Pflanzenöl

2 Schalotten, gehackt

1 ¼ l Rinderbrühe (fertig gekauft oder frisch zubereitet, siehe Seite 100)

2 EL Koriander, gehackt

2 EL Minze, gehackt

2 Stängel Zitronengras, gehackt

1 TL Fischsauce

1 Prise Chiliflocken

1. *Marinade:* Den Limettensaft, das Öl, den Knoblauch, den Koriander, den Cayennepfeffer, zwei Esslöffel kaltes Wasser, etwas Salz und schwarzen Pfeffer in eine Schüssel geben und gut vermischen.

2. Die Fleischstreifen in eine flache Schüssel legen, die Marinade darübergeben und mit dem Fleisch vermengen, sodass es vollständig bedeckt ist. Zugedeckt mindestens eine Stunde im Kühlschrank ziehen lassen.

3. *Brühe:* Das Öl in einem großen Topf bei mittlerer Hitze erwärmen. Die Schalotten hinzufügen und weich dünsten. Die Brühe, den Koriander, die Minze, das Zitronengras, die Fischsauce und die Chiliflocken hinzugeben und aufkochen. Die Hitze reduzieren und die Brühe 20 Minuten leise köcheln lassen. In einen Fonduetopf füllen und die Temperatur so einstellen, dass die Brühe simmert.

4. Das Fleisch aus der Marinade nehmen, aufrollen, auf Fonduegabeln spießen und etwa drei bis fünf Minuten in der Brühe garen.

Vorbereitung

Bereiten Sie die Marinade zu und legen Sie das Schweinefilet mehrere Stunden darin ein.

Servieren mit …

… Thailändischer Erdnuss-Sauce, Chili-Knoblauch-Sauce, Süßem Thai-Dip.

Tipp

Je nach Größe der Limetten benötigen Sie zwei oder drei Früchte, um daraus 50 Milliliter Saft zu erhalten.

Schälen Sie die äußere Haut von den Zitronengrasstängeln und schneiden Sie das untere Ende (etwa zweieinhalb Zentimeter) ab. Hacken Sie den weißen Teil klein. Falls Sie kein Zitronengras finden können, ersetzen Sie je einen Stängel durch zwei Streifen Zitronenschale.

Griechisches Lamm-Fondue

4 Portionen

Vorbereitung

Bereiten Sie die Marinade zu und legen Sie das Fleisch mehrere Stunden darin ein. Erhitzen Sie die Brühe kurz vor dem Servieren und füllen Sie sie in einen Fonduetopf um.

Servieren mit …

… Joghurt-Dip mit Minze, Aïoli, Süßem-Senf-Dip, Zitronen-Dill-Dip.

Für ein griechisch inspiriertes Menü, servieren Sie dieses Gericht mit einem Feta-Fondue mit Minze (siehe Seite 48), griechischem Salat, Zitronen-Kartoffeln und Pita-Brot.

Tipp

Lammrücken bzw. -lende ist der zarteste Teil vom Lamm und hervorragend geeignet für Fondue. Falls Sie ein preiswerteres Stück Fleisch wie zum Beispiel Lammkeule verwenden möchten, marinieren Sie es länger, damit es nicht zäh wird.

Marinade

50 ml Zitronensaft, frisch gepresst

2 Knoblauchzehen, gehackt

1 EL Olivenöl

1 TL getrockneter Oregano

½ TL Salz

500 g Lammrücken oder -keule, in etwa 2 ½ cm große Stücke geschnitten

Brühe

1 ¼ l Rinderbrühe (fertig gekauft oder frisch zubereitet, siehe Seite 100)

1. *Marinade:* Den Zitronensaft, den Knoblauch, das Öl, den Oregano und das Salz in eine Schüssel geben und gut vermischen.

2. Das Fleisch in eine flache Schüssel legen, die Marinade darübergeben und mit dem Fleisch vermengen, sodass es vollständig bedeckt ist. Zugedeckt mindestens eine Stunde im Kühlschrank ziehen lassen.

3. *Brühe:* Die Brühe in einen großen Topf geben und aufkochen. Sofort in einen Fonduetopf füllen und die Temperatur so einstellen, dass die Brühe simmert.

4. Das Fleisch aus der Marinade nehmen, auf Fonduegabeln spießen und etwa drei bis fünf Minuten in der Brühe garen.

Mediterranes Granatapfel-Fondue mit würziger Brühe

Marinade

50 ml Granatapfelsaft

2 EL Honig

Salz und frisch gemahlener schwarzer Pfeffer nach Geschmack

500 g Lammrücken oder -keule, in etwa 2 ½ cm große Stücke geschnitten

Brühe

2 TL Olivenöl

1 Zwiebel, gehackt

1 Jalapeño, entkernt und gehackt

2 Knoblauchzehen, gehackt

1 Stück Ingwer (etwa 2 ½ cm), gehackt

1 ¼ l Hühnerbrühe (fertig gekauft oder frisch zubereitet, siehe Seite 101)

2 Dosen (je 400 g) gehackte Tomaten, mit Saft

1 Zimtstange (etwa 5 cm lang)

1 Bund Petersilie, gehackt

1 TL Kurkuma, gemahlen

1 Prise Safran, zerkrümelt

1 Prise Cayennepfeffer

Vorbereitung

Bereiten Sie die Marinade zu und legen Sie das Lammfleisch mehrere Stunden darin ein.

Servieren mit …

… Tzatziki, Hummus, Koriander-Coulis.

1. *Marinade:* Den Granatapfelsaft, den Honig, zwei Esslöffel Wasser, etwas Salz und Pfeffer in eine Schüssel geben und verrühren.

2. Das Fleisch in eine flache Schüssel legen, die Marinade darübergeben und mit dem Fleisch vermengen, sodass es vollständig bedeckt ist. Zugedeckt mindestens eine Stunde im Kühlschrank ziehen lassen.

3. *Brühe:* In einem großen Topf das Olivenöl bei mittlerer Hitze erwärmen. Die Zwiebel, die Jalapeño, den Knoblauch und den Ingwer hinzugeben und weich dünsten. Die Hühnerbrühe, die Tomaten mit Saft, den Zimt, die Petersilie, die Kurkuma, den Safran und den Cayennepfeffer hinzugeben und aufkochen. Sollte die Brühe zu dickflüssig sein, maximal 125 Milliliter kochendes Wasser hinzufügen. In einen Fonduetopf füllen und die Temperatur so einstellen, dass die Brühe simmert.

4. Das Fleisch aus der Marinade nehmen, auf Fonduegabeln spießen und etwa zwei bis vier Minuten garen.

Tipp
Servieren Sie Couscous als Beilage.

Arabisches Lamm-Fondue

4 Portionen

Vorbereitung

Bereiten Sie die Marinade zu und legen Sie das Lammfleisch mehrere Stunden darin ein.

Servieren mit …

… Tzatziki, Hummus, Hot-Pepper-Sauce, Koriander-Coulis.

Die Kombination der Gewürze in diesem Fondue ist imposant, und ihr intensives Aroma macht dieses Fondue zu etwas ganz Besonderem.

Tipp

Servieren Sie Couscous als Beilage.

Marinade

1 EL Olivenöl

1 EL Zitronensaft, frisch gepresst

1 Knoblauchzehe, gehackt

1 Schalotte, fein gehackt

1 TL Koriander, gemahlen

1 TL Kreuzkümmel, gemahlen

½ TL Kardamom, gemahlen

½ TL Petersilie, getrocknet

¼ TL Minze, getrocknet

Salz und frisch gemahlener schwarzer Pfeffer nach Geschmack

500 g Lammrücken oder -keule, in etwa 2 ½ cm große Stücke geschnitten

Brühe

1 ¼ l Rinderbrühe (fertig gekauft oder frisch zubereitet, siehe Seite 100)

1. *Marinade:* Das Olivenöl, den Zitronensaft, den Knoblauch, die Schalotte, den Koriander, den Kreuzkümmel, den Kardamom, die Petersilie, die Minze, einen Esslöffel Wasser, etwas Salz und Pfeffer in eine Schüssel geben und gut verrühren.

2. Das Fleisch in eine flache Schüssel legen, die Marinade darübergeben und mit dem Fleisch vermengen, sodass es vollständig bedeckt ist. Zugedeckt mindestens eine Stunde im Kühlschrank ziehen lassen.

3. *Brühe:* Die Rinderbrühe in einen großen Topf geben und aufkochen. Sofort in einen Fonduetopf umfüllen und die Temperatur so einstellen, dass die Brühe simmert.

4. Das Fleisch aus der Marinade nehmen, auf Fonduegabeln spießen und etwa zwei bis vier Minuten in der Brühe garen.

Marokkanisches Fondue

500 g Lammrücken oder -keule, in dünne, etwa 2 ½ cm breite Streifen geschnitten

Brühe

1 ¼ l Hühnerbrühe (fertig gekauft oder frisch zubereitet, siehe Seite 101)

1 Bund Petersilie, gehackt

1 TL Ingwer, gemahlen

1 TL Kurkuma, gemahlen

½ TL Zimt, gemahlen

¼ TL Muskatnuss, gerieben

¼ TL schwarzer Pfeffer, frisch gemahlen

Vorbereitung

Schneiden Sie das Fleisch klein, legen Sie es auf eine Servierplatte und stellen Sie es in den Kühlschrank.

Bereiten Sie die Brühe im Voraus zu und kochen Sie sie vor dem Servieren auf dem Herd nochmals auf. Füllen Sie sie anschließend in den Fonduetopf um.

Servieren mit …

… Joghurt-Dip mit Minze, Dip mit gerösteter Paprika, Salsa Verde.

1. Die Fleischstreifen aufrollen, auf eine Servierplatte legen und in den Kühlschrank stellen.

2. *Brühe:* Die Hühnerbrühe, die Petersilie, den Ingwer, die Kurkuma, den Zimt, die Muskatnuss und den Pfeffer in einem großen Topf aufkochen. Die Hitze reduzieren und die Brühe 15 Minuten zugedeckt leise köcheln lassen. In einen Fonduetopf füllen und die Temperatur so einstellen, dass die Brühe simmert.

3. Die Fleischröllchen auf Fonduegabeln spießen und etwa drei Minuten in der Brühe garen.

Tipp

Geben Sie einen halben Teelöffel Chiliflocken an die Brühe, um zusätzliche Schärfe zu erhalten.

Statt Lamm können Sie auch Rinderfilet oder Hähnchenbrust ohne Haut und Knochen verwenden.

Mongolischer Feuertopf

Vorbereitung

Bereiten Sie den Saucen-Dip zu. Schneiden Sie das Fleisch klein und stellen Sie es in den Kühlschrank. Schneiden Sie das Gemüse klein und arrangieren Sie es auf einer Servierplatte. Bereiten Sie die Brühe im Voraus zu und kochen Sie sie vor dem Servieren auf dem Herd nochmals auf. Füllen Sie sie anschließend in den Fonduetopf um.

Servieren mit …

… Saucen-Dip à la Mongolischer Feuertopf, Chili-Knoblauch-Sauce, Tomaten-Curry-Sauce, Thailändischer Erdnuss-Sauce.

500 g Lammrücken oder -keule, in dünne, etwa 2 ½ cm breite Streifen geschnitten

Gemüseplatte

125 g Spinatblätter, in Streifen geschnitten

250 g Pak Choi, in Streifen geschnitten

2 rote und/oder grüne Paprikaschoten, entkernt und in große Stücke geschnitten

200 g Pilze, in Scheiben geschnitten

100 g Bohnensprossen

2 Frühlingszwiebeln, klein geschnitten

Brühe

1 ½ l Rinderbrühe (fertig gekauft oder frisch zubereitet, siehe Seite 100)

1 Schalotte, gehackt

2 Knoblauchzehen, gehackt

2 TL Ingwer, gerieben

Saucen-Dip à la Mongolischer Feuertopf (siehe Seite 190)

2 EL Koriander, gehackt

125 g Reis- oder Glasnudeln, gekocht

gehackte Korianderblätter und Chiliflocken zum Garnieren

1. Die Fleischstreifen aufrollen und auf einer Servierplatte in den Kühlschrank stellen.

2. *Gemüseplatte:* Das Gemüse auf einer Servierplatte arrangieren.

3. *Brühe:* Die Rinderbrühe, die Schalotte, den Knoblauch und den Ingwer in einem großen Topf aufkochen. Die Hitze reduzieren und die Brühe 15 Minuten zugedeckt leise köcheln lassen. Sofort in einen Fonduetopf füllen und die Temperatur so einstellen, dass die Brühe simmert.

4. Für jeden Gast etwas vom Saucen-Dip à la Mongolischer Feuertopf in ein Schälchen füllen. Die Fleischröllchen auf Fonduegabeln spießen und etwa drei Minuten in der Brühe garen. Anschließend in die Sauce tauchen. Das Gemüse garen und ebenfalls in die Sauce tauchen.

5. Zum Schluss das restliche Gemüse in den Fonduetopf geben, die Korianderblätter und die Nudeln hinzufügen und etwa drei Minuten garen. Die Suppe in Schalen füllen und mit etwas Saucen-Dip, Koriander und Chiliflocken garnieren.

Tipp

Saucen-Dip à la Mongolischer Feuertopf (siehe Seite 190) ist ein Muss bei diesem Gericht.

Bereiten Sie die Reisnudeln erst unmittelbar vor dem Essen zu. Weichen Sie dafür die Nudeln zehn Minuten in warmem Wasser ein und schneiden Sie sie gegebenenfalls mit der Küchenschere klein.

Butter-Hähnchen-Fondue

Marinade

150 ml Joghurt (2 % Fett)

1 TL Garam Masala

½ TL Koriander, gemahlen

¼ TL Cayennepfeffer

¼ TL Zimt, gemahlen

1 Prise Nelken, gemahlen

1 Prise Kardamom, gemahlen

500 g Hähnchenschenkel ohne Haut und Knochen, in etwa 2 ½ cm große Würfel geschnitten

Brühe

1 EL Butter

1 Zwiebel, gehackt

2 Knoblauchzehen, gehackt

1 Stück Ingwer (etwa 2 ½ cm), gehackt

1 ¼ l Hühnerbrühe (fertig gekauft oder frisch zubereitet, siehe Seite 101)

1 Dose (400 g) gehackte Tomaten, mit Saft

1 Lorbeerblatt

Vorbereitung

Bereiten Sie die Marinade zu und legen Sie das Fleisch mehrere Stunden darin ein.

Bereiten Sie die Brühe im Voraus zu und kochen Sie sie vor dem Servieren auf dem Herd nochmals auf. Füllen Sie sie anschließend in den Fonduetopf um.

Servieren mit …

… Tomaten-Curry-Sauce, Koriander-Coulis, Würziger Sesam-Mayonnaise.

1. *Marinade:* Den Joghurt, das Garam Masala, den Koriander, den Cayennepfeffer, den Zimt, die Nelke und den Kardamom in eine Schüssel geben und gut verrühren.

2. Das Geflügel in eine flache Schüssel legen, die Marinade darübergeben und mit dem Fleisch vermengen, sodass es vollständig bedeckt ist. Zugedeckt mindestens eine Stunde im Kühlschrank ziehen lassen.

3. *Brühe:* Die Butter in einem großen Topf bei mittlerer Hitze zerlassen. Die Zwiebel, den Knoblauch und den Ingwer hinzufügen und weich dünsten. Die Hühnerbrühe, die Tomaten mit Saft und das Lorbeerblatt dazugeben und aufkochen. Die Hitze reduzieren und die Brühe 20 Minuten zugedeckt leise köcheln lassen. In einen Fonduetopf füllen und die Temperatur so einstellen, dass die Brühe simmert.

4. Das Geflügel aus der Marinade nehmen, auf Fonduegabeln spießen und etwa zwei bis drei Minuten garen.

Tipp

Verwenden Sie keinen fettarmen Joghurt für dieses Fondue. Joghurt mit mindestens 2 % Fett eignet sich besser, da er dickflüssiger ist.

Falls Sie dieses Fondue als Hauptgericht servieren möchten, reichen Sie noch eine Gemüseplatte mit Pilzen, in Streifen geschnittene Paprika und Brokkoliröschen dazu und garen Sie diese nach Belieben. Sobald etwa ein Viertel des Hähnchens übrig ist, geben Sie es zusammen mit dem übrig gebliebenen Gemüse in den Fonduetopf und lassen es einige Minuten garen. Fügen Sie noch eingeweichte und abgetropfte Reisnudeln hinzu und servieren Sie das Ganze als abschließende Suppe.

Hähnchen-Fondue mit schwarzem Sesam

Vorbereitung

Gehen Sie entsprechend der Anweisungen in Schritt 1 und 2 vor. Verwahren Sie das Fleisch bis zum Gebrauch im Kühlschrank.

Servieren mit …

… Asiatischem Saucen-Dip, Thailändischer Erdnuss-Sauce, Koriander-Coulis.

Marinade

1 EL Olivenöl

1 Knoblauchzehe, fein gehackt

Saft einer halben Zitrone

Salz und frisch gemahlener schwarzer Pfeffer nach Geschmack

500 g Hähnchenbrust, ohne Haut und Knochen, in dünne, etwa 2 ½ cm breite Streifen geschnitten

100 g schwarze Sesamsamen

Brühe

1 ¼ l Hühnerbrühe (fertig gekauft oder frisch zubereitet, siehe Seite 101)

1. *Marinade:* Drei Esslöffel Wasser, das Olivenöl, den Knoblauch, den Zitronensaft, etwas Salz und Pfeffer in einer Schüssel verrühren.

2. Die Fleischstreifen in eine flache Schüssel legen, die Marinade darübergeben und mit dem Fleisch vermengen, sodass es vollständig bedeckt ist. Die Fleischstreifen anschließend im Sesam wenden und aufrollen, auf eine Servierplatte legen und zugedeckt mindestens eine Stunde im Kühlschrank ziehen lassen.

3. *Brühe:* Die Hühnerbrühe in einem großen Topf aufkochen. Sofort in einen Fonduetopf füllen und die Temperatur so einstellen, dass die Brühe simmert.

4. Das Fleisch auf Fonduegabeln spießen und etwa zwei bis vier Minuten in der Brühe garen.

Tipp

Schwarze Sesamsamen werden in der asiatischen und arabischen Küche verwendet. Sie sehen außergewöhnlich aus und haben einen einzigartigen Geschmack.

Hühnerbrühe und Schalotten mit würzigem Hähnchen oder Schwein

Rub

1 TL Senfpulver

1 TL Paprikapulver

½ TL Cayennepfeffer

½ TL Kreuzkümmel, gemahlen

¼ TL Knoblauchpulver

Salz und frisch gemahlener schwarzer Pfeffer nach Geschmack

500 g Hähnchenbrust, ohne Haut und Knochen (oder Schweinefilet), in dünne, etwa 2 ½ cm breite Streifen geschnitten

Brühe

1 EL Olivenöl

2 Schalotten, gehackt

1 ¼ l Hühnerbrühe (fertig gekauft oder frisch zubereitet, siehe Seite 101)

2 EL Petersilie, gehackt

Vorbereitung

Bereiten Sie die Marinade zu und legen Sie das Fleisch mehrere Stunden darin ein.

Bereiten Sie die Brühe im Voraus zu und kochen Sie sie vor dem Servieren auf dem Herd nochmals auf. Füllen Sie sie anschließend in den Fonduetopf um.

Servieren mit …

… Blauschimmelkäse-Dip, Pflaumen-Sauce, Dijonnaise, Tomaten-Curry-Sauce, Dip mit gerösteter roter Paprika.

1. *Rub:* Das Senf- und das Paprikapulver, den Cayennepfeffer, den Kreuzkümmel, etwas Salz und Pfeffer in einer Schüssel vermischen.

2. Die Hähnchen- oder Schweinefiletstreifen nach und nach von allen Seiten im Rub wenden. Auf eine Servierplatte legen und mindestens eine Stunde zugedeckt im Kühlschrank ziehen lassen.

3. *Brühe:* In einem großen Topf das Olivenöl bei mittlerer Hitze erwärmen. Die Schalotten hinzufügen und etwa drei bis fünf Minuten weich dünsten (die Schalotten sollen nicht braun werden). Die Hühnerbrühe hinzufügen und aufkochen. Sofort in einen Fonduetopf füllen und die Temperatur so einstellen, dass die Brühe simmert. Die Petersilie darüberstreuen.

4. Das Fleisch auf Fonduegabeln spießen und etwa drei bis fünf Minuten in der Brühe garen.

Tipp

Da die Brühe die Gewürze des Rubs aufnimmt, ergibt sie zum Schluss des Fondues eine sehr aromatische Suppe. Wenn das Fleisch fast aufgebraucht ist, geben Sie Reisnudeln hinzu.

Schnelles Hähnchen-Fondue

Vorbereitung

Dieses Fondue eignet sich für einen Abend mit Gästen besonders gut. Bereiten Sie die Marinade zu und legen Sie das Geflügel mehrere Stunden darin ein.

Servieren mit ...

... Pflaumen-Sauce, Sojasauce, Süß-saurer Sauce, Dijonnaise.

Marinade

50 ml Ketchup

2 EL Sojasauce

1 EL Cidre-Essig

2 TL brauner Zucker

2 TL Zwiebelflocken, getrocknet

½ TL Currypulver

½ TL Senfpulver

½ TL Knoblauchpulver

½ TL Salz

¼ TL schwarzer Pfeffer, frisch gemahlen

500 g Hähnchenbrust, ohne Haut und Knochen, in dünne, etwa 2 ½ cm breite Streifen geschnitten

Brühe

500 ml Hühnerbrühe aus der Dose

1. *Marinade:* Den Ketchup, die Sojasauce, den Essig, den Zucker, die Zwiebelflocken, das Curry-, das Senf- und das Knoblauchpulver, das Salz und den Pfeffer in eine Schüssel geben und gut vermischen.

2. Die Hähnchenbruststreifen in eine flache Schüssel legen, die Marinade darübergeben und mit dem Fleisch vermengen, sodass es vollständig bedeckt ist. Zugedeckt mindestens eine Stunde im Kühlschrank ziehen lassen.

3. *Brühe:* Die Brühe mit einem halben Liter Wasser verdünnen und in einem großen Topf aufkochen. Sofort in einen Fonduetopf füllen und die Temperatur so einstellen, dass die Brühe simmert.

4. Das Geflügel aus der Marinade nehmen, auf Fonduegabeln spießen und etwa drei bis fünf Minuten in der Brühe garen.

Lassen Sie sich von der langen Zutatenliste nicht in die Irre führen – dieses Fondue ist wirklich schnell zubereitet! Die Marinade ist eine schmackhafte Mischung vieler Gewürze und Zutaten, die fast jeder zu Hause hat.

Hähnchen-Fondue mit Honig und Knoblauch

Marinade

125 ml Honig

75 ml Sojasauce

4 Knoblauchzehen, gehackt

500 g Hähnchenbrust, ohne Haut und Knochen, in dünne, etwa 2 ½ cm breite Streifen geschnitten

Brühe

1 ¼ l Hühnerbrühe (fertig gekauft oder frisch zubereitet, siehe Seite 101)

1. *Marinade:* Den Honig, die Sojasauce und den Knoblauch in einem Topf verrühren und bei mittlerer Hitze erwärmen. Vom Herd nehmen und etwas abkühlen lassen.

2. Die Hähnchenbruststreifen in eine flache Schüssel legen, die Marinade darübergeben und mit dem Fleisch vermengen, sodass es vollständig bedeckt ist. Zugedeckt mindestens eine Stunde im Kühlschrank ziehen lassen.

3. *Brühe:* Die Brühe in einem großen Topf aufkochen. Sofort in einen Fonduetopf füllen und die Temperatur so einstellen, dass die Brühe simmert.

4. Das Geflügel aus der Marinade nehmen, auf Fonduegabeln spießen und etwa zwei bis vier Minuten in der Brühe garen.

Vorbereitung

Bereiten Sie die Marinade zu und legen Sie das Geflügel mehrere Stunden darin ein.

Servieren mit …

… Chili-Essig, Blauschimmelkäse-Dip, Dijonnaise, Würziger Mayonnaise.

Tipp

Falls Sie zum Hauptgang mehrere Fondues servieren (was sich für einen Abend mit Gästen empfiehlt, damit diese eine Auswahl haben), können Sie das übrig gebliebene Fleisch in der Brühe garen. Außerdem haben Sie für den nächsten Tag eine wunderbare Suppe – Sie brauchen nur noch Nudeln hinzufügen. Sie können das Geflügel auch braten und Fajitas damit zubereiten.

Ungarisches Paprika-Hähnchen

Vorbereitung

Bereiten Sie die Brühe im Voraus zu und kochen Sie sie vor dem Servieren auf dem Herd nochmals auf. Füllen Sie sie anschließend in den Fonduetopf um.

Servieren mit …

… Dijonnaise, Süß-saurer Sauce, Honig-Senf-Dip.

Tipp

Sie können auch entbeinte und enthäutete Hähnchenkeulen statt Hähnchenbrust verwenden.

Falls Sie das Fondue als Hauptgericht servieren möchten, reichen Sie eine Gemüseplatte mit Pilzen, roten Paprikastreifen und Brokkoliröschen dazu und garen Sie das Gemüse nach Belieben. Sobald noch ein Viertel des Geflügels übrig ist, geben Sie es zusammen mit dem restlichen Gemüse in den Fonduetopf und garen Sie das Ganze einige Minuten. Fügen Sie noch gekochte Eiernudeln hinzu und servieren Sie die Suppe zum Abschluss des Menüs.

Marinade

125 ml Sauerrahm

2 TL ungarisches Paprikapulver

½ TL Cayennepfeffer

Salz und frisch gemahlener grüner Pfeffer nach Geschmack

500 g Hähnchenbrust, ohne Haut und Knochen, in etwa 2 ½ cm große Würfel geschnitten

Brühe

1 EL Pflanzenöl

1 Zwiebel, gehackt

2 Knoblauchzehen, gehackt

½ grüne Paprika, entkernt und klein geschnitten

1 ¼ l Hühnerbrühe (fertig gekauft oder frisch zubereitet, siehe Seite 101)

1. *Marinade:* Den Sauerrahm, die Paprika, den Cayennepfeffer, etwas Salz und Pfeffer in eine Schüssel geben und gut vermengen.

2. Die Hähnchenbrustwürfel in eine flache Schüssel legen, die Marinade darübergeben und mit dem Fleisch vermengen, sodass es vollständig bedeckt ist. Zugedeckt mindestens eine Stunde im Kühlschrank ziehen lassen.

3. *Brühe:* Das Öl in einem großen Topf bei mittlerer Hitze erwärmen. Die Zwiebel, den Knoblauch und die Paprika hinzufügen und weich dünsten. Die Hühnerbrühe dazugeben und aufkochen. Die Hitze reduzieren und zugedeckt 15 Minuten leise köcheln lassen. Sofort in einen Fonduetopf füllen und die Temperatur so einstellen, dass die Brühe simmert.

4. Das Geflügel aus der Marinade nehmen, auf Fonduegabeln spießen und etwa zwei bis vier Minuten in der Brühe garen.

Indische Mango-Brühe mit Hähnchen

Brühe

1 EL Pflanzenöl

1 Schalotte, gehackt

1 ¼ l Hühnerbrühe (fertig gekauft oder frisch zubereitet, siehe Seite 101)

1 EL Ingwer, gehackt

½ TL Currypulver

½ TL Kurkuma, gemahlen

¼ TL Cayennepfeffer

¼ TL Kreuzkümmel, gemahlen

½ Mango, klein geschnitten

500 g Hähnchenbrust, ohne Haut und Knochen, in dünne, etwa 2 ½ cm breite Streifen geschnitten

1. *Brühe:* Das Öl in einem großen Topf bei mittlerer Hitze erwärmen. Die Schalotte hinzufügen und etwa zwei Minuten weich dünsten. Die Hühnerbrühe, den Ingwer, das Currypulver, die Kurkuma, den Cayennepfeffer und den Kreuzkümmel dazugeben und zugedeckt 15 Minuten leise köcheln lassen.

2. Die Mangostücke in die Brühe geben und ohne Deckel weitere fünf Minuten köcheln lassen. In einen Fonduetopf füllen und die Temperatur so einstellen, dass die Brühe simmert.

3. Das Geflügel auf Fonduegabeln spießen und etwa zwei bis vier Minuten in der Brühe garen.

Vorbereitung

Bereiten Sie die Brühe zu (Schritt 1). Kochen Sie die Brühe kurz vor dem Servieren auf, reduzieren Sie die Hitze, fügen Sie die Mango hinzu und lassen Sie das Ganze fünf Minuten leise köcheln.

Servieren mit …

… Thailändischer Erdnuss-Sauce, roter Curry-Paste, Mango-Salsa oder -Chutney.

Tipp

Falls Sie das Fondue als Hauptgericht servieren möchten, reichen Sie dazu eine Gemüseplatte mit in Streifen geschnittenem Pak Choi, grünen und roten Paprikawürfeln, halbierten Pilzen und Blumenkohl- und Brokkoliröschen. Garen Sie das Geflügel und das Gemüse nach Belieben. Sobald noch ein Viertel des Geflügels übrig ist, geben Sie es in den Fonduetopf und garen Sie das Ganze einige Minuten. Fügen Sie noch vorgekochte Nudeln Ihrer Wahl hinzu und servieren Sie die Suppe zum Abschluss des Menüs.

Scharf-saure Brühe mit Hähnchen

4 Portionen

Vorbereitung

Bereiten Sie die Gemüseplatte vor und schneiden Sie das Geflügel in mundgerechte Stücke.

Bereiten Sie die Brühe im Voraus zu und kochen Sie sie vor dem Servieren auf dem Herd nochmals auf. Füllen Sie sie anschließend in den Fonduetopf um.

Servieren mit …

… Pflaumen-Sauce, Asiatischem Saucen-Dip, Süß-saurer Sauce, Wasabi-Mayonnaise.

Zu diesem Fondue passen auch Shrimps, Tofuwürfel oder Rinderfilet.

Tipp

Falls die Brühe nicht ganz so scharf sein soll, verwenden Sie nur die Hälfte der Chili-Knoblauch-Sauce. Um sie etwas saurer zu gestalten, fügen Sie einen weiteren Esslöffel Zitronensaft hinzu.

Brühe

1 ¼ l Hühnerbrühe (fertig gekauft oder frisch zubereitet, siehe Seite 101)

1 ½ TL Ingwer, gehackt

4 chinesische Pilze, getrocknet

2 TL Speisestärke

Salz und frisch gemahlener schwarzer Pfeffer nach Geschmack

2 EL Cidre-Essig

2 EL Zitronensaft, frisch gepresst

1 EL Sesamöl

1 EL Chili-Knoblauch-Sauce

2 Frühlingszwiebeln, gehackt

Gemüseplatte

1 Dose Bambussprossen, abgetropft

230 g Bohnensprossen

230 g Pilze, halbiert

500 g Hähnchenbrust, ohne Haut und Knochen, in dünne, etwa 2 ½ cm breite Streifen geschnitten

125 g Reisnudeln

1. *Brühe:* Die getrockneten Pilze 15 Minuten in kochendem Wasser einweichen, abtropfen lassen und klein schneiden. Die Hühnerbrühe in einem großen Topf bei mittlerer Hitze aufkochen. Den Ingwer und die eingeweichten Pilze hinzufügen. Die Speisestärke in zwei Esslöffeln Wasser auflösen. Zur Hühnerbrühe geben und mit etwas Salz und Pfeffer abschmecken. Den Essig, den Zitronensaft, das Sesamöl und die Chili-Knoblauch-Sauce einrühren und zugedeckt bei niedriger Hitze 15 Minuten leise köcheln lassen.

2. *Gemüseplatte:* Während die Brühe köchelt, die Bambussprossen, die Bohnensprossen und die Pilze auf einer Servierplatte arrangieren. Das Fleisch auf eine separate Platte legen. Die Brühe in einen Fonduetopf füllen und die Temperatur so einstellen, dass die Brühe simmert.

3. Das Geflügel auf Fonduegabeln spießen und etwa zwei bis vier Minuten in der Brühe garen. Das Gemüse ebenfalls etwa zwei bis vier Minuten in die Brühe tauchen.

4. Die Reisnudeln 15 Minuten in heißem Wasser einweichen und abtropfen lassen. Sobald noch ein Viertel des Geflügels übrig ist, dieses in den Fonduetopf geben und einige Minuten garen. Die Nudeln und das restliche Gemüse hinzufügen. Als Suppe zum Abschluss servieren.

Zitronen-Hähnchen-Fondue

Marinade

50 ml Zitronensaft, frisch gepresst

1 EL Olivenöl

1 ½ TL Oregano, gehackt

½ TL Knoblauchpulver

½ TL Zitronenpfeffer

¼ TL Salz

500 g Hähnchenbrust, ohne Haut und Knochen, in dünne, etwa 2 ½ cm breite Streifen geschnitten

Brühe

1 EL Olivenöl

2 Knoblauchzehen, gehackt

1 ¼ l Hühnerbrühe (fertig gekauft oder frisch zubereitet, siehe Seite 101)

50 ml trockener Weißwein

2 EL Zitronensaft, frisch gepresst

1 EL Oregano, gehackt

2 TL Zitronenabrieb

Salz und frisch gemahlener schwarzer Pfeffer nach Geschmack

Vorbereitung

Bereiten Sie die Marinade zu und legen Sie das Geflügel mehrere Stunden darin ein.

Bereiten Sie die Brühe im Voraus zu und kochen Sie sie vor dem Servieren auf dem Herd nochmals auf. Füllen Sie sie anschließend in den Fonduetopf um.

Servieren mit …

… Joghurt-Dip mit Minze, Salsa Verde, Aïoli.

1. *Marinade:* Den Zitronensaft, das Öl, den Oregano, das Knoblauchpulver, den Zitronenpfeffer, das Salz und etwa einen Esslöffel Wasser in eine Schüssel geben und vermischen. Gegebenenfalls noch etwas Wasser hinzufügen (die Marinade sollte sich gut rühren lassen).

2. Die Hähnchenbruststreifen in eine flache Schüssel legen, die Marinade darübergeben und mit dem Fleisch vermengen, sodass es vollständig bedeckt ist. Zugedeckt mindestens eine Stunde im Kühlschrank ziehen lassen.

3. *Brühe:* Das Öl in einem großen Topf bei mittlerer Hitze erwärmen. Den Knoblauch hinzufügen und etwa zwei Minuten weich dünsten (er sollte nicht braun werden). Die Hühnerbrühe, den Wein, den Zitronensaft, den Oregano, den Zitronenabrieb, etwas Salz und Pfeffer hinzufügen und aufkochen. Die Hitze reduzieren und die Brühe fünf Minuten leise köcheln lassen. In einen Fonduetopf füllen und die Temperatur so einstellen, dass die Brühe simmert.

4. Das Geflügel aus der Marinade nehmen, auf Fonduegabeln spießen und etwa zwei bis vier Minuten in der Brühe garen.

Tipp

Verwenden Sie einen halben Teelöffel getrockneten Oregano, falls Sie keinen frischen zur Hand haben.

Pesto-Hähnchen-Fondue

Vorbereitung

Bereiten Sie die Brühe im Voraus zu und kochen Sie sie vor dem Servieren auf dem Herd nochmals auf. Füllen Sie sie anschließend in den Fonduetopf um.

Servieren mit …

… Gremolata, Zitronen-Dill-Dip, Dip mit gerösteter roter Paprika.

Tipp

Verwenden Sie nach Möglichkeit getrocknete Tomaten in Öl. Falls Sie getrocknete Tomaten verwenden und diese selbst einweichen, sollten Sie noch einen Esslöffel Olivenöl hinzufügen.

Sie können das marinierte Hähnchen auch mit italienischer Kräuterbrühe (siehe Seite 147) servieren.

Falls Sie das Fondue als Hauptgericht servieren möchten, reichen Sie eine Gemüseplatte mit Pilzen, grünen und roten Paprikastreifen, Zucchinischeiben und Brokkoliröschen dazu. Garen Sie das Gemüse nach Belieben. Sobald noch ein Viertel des Geflügels übrig ist, geben Sie es zusammen mit dem restlichen Gemüse in den Fonduetopf und garen Sie das Ganze einige Minuten lang. Fügen Sie gekochte Nudeln hinzu und servieren Sie die Suppe zum Abschluss des Menüs.

Marinade

2 Knoblauchzehen

2 EL Tomaten, getrocknet, gehackt

2 EL Pinienkerne, geröstet (siehe Tipp, Seite 50)

2 EL Basilikum, gehackt

1 EL Olivenöl

Salz und frisch gemahlener schwarzer Pfeffer nach Geschmack

500 g Hähnchenbrust, ohne Haut und Knochen, in dünne, etwa 2 ½ cm breite Streifen geschnitten

Brühe

1 ¼ l Hühnerbrühe (fertig gekauft oder frisch zubereitet, siehe Seite 101)

1. *Marinade:* Den Knoblauch im Mixer pürieren. Die Tomaten, die Pinienkerne, das Basilikum, das Olivenöl, etwas Salz und Pfeffer hinzufügen und zu einer geschmeidigen Paste pürieren.

2. Die Hähnchenbruststreifen in eine flache Schussel legen, die Marinade darübergeben und mit dem Fleisch vermengen, sodass es vollständig bedeckt ist. Zugedeckt mindestens eine Stunde im Kühlschrank ziehen lassen.

3. *Brühe:* Die Hühnerbrühe in einem großen Topf aufkochen, sofort in den Fonduetopf füllen und die Temperatur so einstellen, dass die Brühe simmert.

4. Das Geflügel aus der Marinade nehmen, aufrollen, auf Fonduegabeln spießen und etwa zwei bis vier Minuten in der Brühe garen.

Hähnchen-Fondue mit Ananas

Marinade

1 Dose (425 g) Ananasstücke, 250 ml Saft zurückbehalten

2 Knoblauchzehen, gehackt

50 ml Sojasauce

2 EL Cidre-Essig

2 TL Ingwer, gerieben

500 g Hähnchenbrust, ohne Haut und Knochen, in dünne, etwa 2 ½ cm breite Streifen geschnitten

Brühe

1 ¼ l Hühnerbrühe (fertig gekauft oder frisch zubereitet, siehe Seite 101)

1. *Marinade:* Die Ananas und den Saft, den Knoblauch, die Sojasauce, den Essig und den Ingwer in eine Schüssel geben und vermengen.

2. Die Hähnchenbruststreifen in eine flache Schüssel legen, die Marinade darübergeben und mit dem Fleisch vermengen, sodass es vollständig bedeckt ist. Zugedeckt mindestens eine Stunde im Kühlschrank ziehen lassen.

3. *Brühe:* Die Hühnerbrühe in einem großen Topf aufkochen, sofort in den Fonduetopf füllen und die Temperatur so einstellen, dass die Brühe simmert.

4. Das Geflügel aus der Marinade nehmen, auf Fonduegabeln spießen und etwa zwei bis vier Minuten in der Brühe garen.

Vorbereitung

Bereiten Sie die Marinade zu und legen Sie das Geflügel mehrere Stunden darin ein.

Servieren mit …

… japanischer Sojasauce, Asiatischem Saucen-Dip, Dijonnaise.

Tipp

Falls Sie keine selbst gemachte Hühnerbrühe in Ihrer Gefriertruhe vorrätig haben, verwenden Sie Hühnerbrühe aus der Dose.

Marinierter Tofu in Gemüsebrühe

Vorbereitung

Bereiten Sie die Marinade zu und marinieren Sie den Tofu, bis Sie ihn servieren.

Servieren mit …

… Erdnuss-Sauce, Pflaumen-Sauce.

Tofu ist ein eiweißreiches, aber fettarmes Lebensmittel, das aus Sojabohnen hergestellt wird. Außerdem ist er reich an Kalzium, Eisen, Phosphor, Kalium, B-Vitaminen und Vitamin E.

Tipp

Für dieses Gericht benötigt man besonders festen Tofu. Andere Sorten würden in der Brühe auseinanderfallen.

Tamari-Sauce, bekannt für ihre intensive Farbe und ihr Aroma, wird aus weißen Sojabohnen und Reis hergestellt. Sie enthält wenig bis gar keinen Weizen, sodass sie auch für Menschen mit einer Glutenallergie verträglich ist.

Um ein kräftigeres Aroma zu erhalten, geben Sie einen Esslöffel Miso Paste und einen halben Teelöffel Sesamöl an die Gemüsebrühe, bevor Sie sie aufkochen.

Marinade

50 ml Tamari-Sauce

2 Frühlingszwiebeln, gehackt

1 Knoblauchzehe, gehackt

1 EL Ingwer, gehackt

2 EL trockener Sherry

1 EL Reisessig

1 EL Sesamöl

1 Prise Cayennepfeffer

375 g festen Tofu, in Würfel geschnitten

Brühe

1 ¼ l Gemüsebrühe (fertig gekauft oder frisch zubereitet, siehe Seite 104)

1. *Marinade:* Die Tamari-Sauce, die Frühlingszwiebeln, den Knoblauch, den Ingwer, den Sherry, den Essig, das Sesamöl und den Cayennepfeffer in einer Schüssel vermischen.

2. Die Tofuwürfel in eine flache Schüssel legen, die Marinade darübergeben und mit dem Tofu vermengen, sodass er vollständig bedeckt ist. Zugedeckt mindestens eine Stunde im Kühlschrank ziehen lassen.

3. *Brühe:* Die Gemüsebrühe in einem großen Topf aufkochen. Sofort in den Fonduetopf geben und die Temperatur so einstellen, dass die Brühe simmert.

4. Die Tofuwürfel mit einem Schaumlöffel aus der Marinade nehmen und auf eine Servierplatte legen. Die Marinade in kleine Schalen füllen. Den Tofu auf Fonduegabeln spießen und etwa drei Minuten in der Brühe garen. Anschließend in die Marinade oder eine der Saucen tauchen.

Würziges Thai-Fondue mit Kokosmilch

500 g Hähnchenbrust, ohne Haut und Knochen, in dünne, etwa 2 ½ cm breite Streifen geschnitten

Brühe

1 ¼ l Hühnerbrühe (fertig gekauft oder frisch zubereitet, siehe Seite 101)

175 ml Kokosmilch

2 Knoblauchzehen, gehackt

2 Frühlingszwiebeln, gehackt

½ Thai-Chili-Schote, entkernt und gehackt

1 Bund Koriander, gehackt

1 TL Limettenabrieb

2 EL Limettensaft, frisch gepresst

2 EL Fischsauce

2 EL Thai-Basilikum, gehackt

1 EL Ingwer, gehackt

1 TL Zucker

1 TL grüne thailändische Currypaste

Vorbereitung

Bereiten Sie die Brühe im Voraus zu und kochen Sie sie vor dem Servieren auf dem Herd nochmals auf. Füllen Sie sie anschließend in den Fonduetopf um.

Servieren mit …

… Süßem Thai-Dip, Thailändischer Erdnuss-Sauce, Asiatischem Saucen-Dip.

1. Die Hähnchenfleischstreifen aufrollen, auf eine Servierplatte legen und zugedeckt in den Kühlschrank stellen.

2. *Brühe:* Die Hühnerbrühe, die Kokosmilch, den Knoblauch, die Frühlingszwiebeln, die Chili-Schote, den Koriander, den Limettenabrieb, den Limettensaft, die Fischsauce, das Basilikum, den Ingwer, den Zucker und die Currypaste in einen großen Topf geben und aufkochen. Die Hitze reduzieren und die Brühe zugedeckt 15 Minuten leise köcheln lassen. In den Fonduetopf füllen und die Temperatur so einstellen, dass die Brühe simmert.

3. Die Geflügelröllchen auf Fonduegabeln spießen und etwa zwei bis vier Minuten in der Brühe garen.

Tipp

Falls Sie die Brühe nicht ganz so scharf mögen, lassen Sie die Thai-Chili-Schote einfach weg.

Falls Sie das Fondue als Hauptgericht servieren möchten, reichen Sie dazu eine Gemüseplatte mit Pilzen und Brokkoliröschen. Garen Sie das Gemüse nach Belieben. Sobald noch ein Viertel des Geflügels übrig ist, geben Sie es zusammen mit dem restlichen Gemüse in den Fondue-topf und garen Sie das Ganze einige Minuten. Fügen Sie eingeweichte und abgetropfte Glasnudeln hinzu und servieren Sie die Suppe zum Abschluss des Menüs.

Szechuan-Sesam-Hähnchen-Fondue

4 Portionen

Vorbereitung

Bereiten Sie die Marinade zu und legen Sie das Geflügel mehrere Stunden darin ein.

Servieren mit …

… Süß-saurer Sauce, süßer Chili-Sauce, Erdnuss-Sauce, Sojasauce, Salsa Verde.

Hoisin-Sauce wird aus fermentierten Sojabohnen hergestellt und verleiht der Marinade ein unverwechselbares Aroma – sie ist unwiderstehlich!

Tipp

Geröstete Sesamsamen geben der Marinade zusätzlichen Geschmack. Rösten Sie die Samen in einer beschichteten Pfanne bei geringer Hitze unter mehrmaligem Rühren etwa drei bis fünf Minuten.

Geben Sie zwei Teelöffel Salsa Verde an die Brühe, falls Sie es etwas schärfer mögen.

Marinade

1 ½ EL Hoisin-Sauce

1 EL Sojasauce

2 TL Honig

1 Knoblauchzehe, gehackt

1 TL Ingwer, gehackt

Salz und frisch gemahlener schwarzer Pfeffer nach Geschmack

1 TL Sesamöl

1 TL Sesamsamen, geröstet (siehe Tipp)

500 g Hähnchenbrust, ohne Haut und Knochen, in dünne, etwa 2 ½ cm breite Streifen geschnitten

Brühe

1 ¼ l Hühnerbrühe (fertig gekauft oder frisch zubereitet, siehe Seite 101)

1. *Marinade:* Die Hoisin-Sauce, die Sojasauce, den Honig, den Knoblauch, den Ingwer, einen Esslöffel Wasser, etwas Salz und Pfeffer in einem Topf bei mittlerer Hitze erwärmen und rühren, bis der Honig geschmolzen ist. Vom Herd nehmen und das Sesamöl und die -samen einrühren.

2. Die Hähnchenbruststreifen in eine flache Schüssel legen, die Marinade darübergeben und mit dem Fleisch vermengen, sodass es vollständig bedeckt ist. Zugedeckt mindestens eine Stunde im Kühlschrank ziehen lassen.

3. *Brühe:* In einem großen Topf die Hühnerbrühe aufkochen. Sofort in den Fonduetopf füllen und die Temperatur so einstellen, dass die Brühe simmert.

4. Das Geflügel aus der Marinade nehmen, auf Fonduegabeln spießen und etwa zwei bis vier Minuten in der Brühe garen.

Wildreis-Pilz-Brühe
mit mariniertem Hähnchen

Marinade

50 ml Hoisin-Sauce

1 ½ EL Reiswein

1 Knoblauchzehe, gehackt

1 EL Zucker

1 EL Ingwer, gehackt

1 EL Sesamöl

1 EL Sojasauce

500 g Hähnchenbrust, ohne Haut und Knochen, in dünne, etwa 2 ½ cm breite Streifen geschnitten

Brühe

2 EL wilde oder exotische Pilze, getrocknet

2 TL Olivenöl

1 kleine Zwiebel, gehackt

1 Knoblauchzehe, gehackt

60 g Pilze, gehackt

1 ¼ l Hühnerbrühe (fertig gekauft oder frisch zubereitet, siehe Seite 101)

50 g Wildreis, gewaschen

Salz und frisch gemahlener schwarzer Pfeffer nach Geschmack

gehackte Petersilie zum Garnieren

Vorbereitung

Bereiten Sie die Marinade zu und legen Sie das Geflügel mehrere Stunden darin ein.

Servieren mit …

… Meerrettich-Dip, Dip mit gerösteter roter Paprika, Zitronen-Sauce.

1. *Marinade:* Die Hoisin-Sauce, den Reiswein, den Knoblauch, den Zucker, den Ingwer, das Sesamöl und die Sojasauce in eine Schüssel geben und gut vermischen.

2. Die Hähnchenbruststreifen in eine flache Schüssel legen, die Marinade darübergeben und mit dem Fleisch vermengen, sodass es vollständig bedeckt ist. Zugedeckt mindestens eine Stunde im Kühlschrank ziehen lassen.

3. *Brühe:* Die getrockneten Pilze 15 Minuten in kochendem Wasser einweichen und auspressen.

4. Das Olivenöl in einem großen Topf bei mittlerer Hitze erwärmen. Die Zwiebel, den Knoblauch und die frischen Pilze hinzufügen und etwa zwei Minuten weich dünsten. Die Hühnerbrühe, den Wildreis und die eingeweichten Pilze ebenfalls einrühren und aufkochen. Die Hitze reduzieren und die Brühe 35 bis 45 Minuten leise köcheln lassen, bis der Reis gar ist. Sofort in den Fonduetopf füllen und die Temperatur so einstellen, dass die Brühe simmert. Mit Salz und Pfeffer würzen und mit der Petersilie garnieren.

5. Die Geflügelstreifen aus der Marinade nehmen, auf Fonduegabeln spießen und etwa zwei bis vier Minuten in der Brühe garen.

Diese Brühe bekommt ihr erdiges Aroma durch frische und getrocknete Pilze. Servieren Sie sie als delikate Suppe zum Abschluss des Fondues.

Tipp

Falls Sie das Fondue als Hauptgericht servieren möchten, reichen Sie dazu eine Gemüseplatte mit in Streifen geschnittenem Pak Choi, grünen und roten Paprikastücken, halbierten Pilzen sowie Blumenkohl- und Brokkoliröschen. Garen Sie das Geflügel und das Gemüse nach Belieben. Sobald noch ein Viertel des Geflügels übrig ist, geben Sie es in den Fonduetopf und garen Sie es einige Minuten. Fügen Sie gekochte Nudeln Ihrer Wahl hinzu und servieren Sie die Suppe zum Abschluss des Menüs.

Thai-Hähnchen-Fondue

4 Portionen

Vorbereitung

Bereiten Sie die Brühe im Voraus zu und kochen Sie sie vor dem Servieren auf dem Herd nochmals auf. Füllen Sie sie anschließend in den Fonduetopf um.

Bereiten Sie die Marinade zu und legen Sie das Geflügel mehrere Stunden darin ein. Bewahren Sie es bis zum Servieren im Kühlschrank auf.

Servieren mit …

… Thailändischer Erdnuss-Sauce, Süßem Thai-Dip, Chili-Knoblauch-Sauce.

Tipp

Falls Sie das Fondue als Hauptgericht servieren möchten, reichen Sie eine Gemüseplatte mit in Streifen geschnittenem Pak Choi, grünen und roten Paprikastücken, Bohnensprossen und Pilzen dazu. Garen Sie das Geflügel und das Gemüse nach Belieben. Sobald noch ein Viertel des Geflügels übrig ist, geben Sie es in den Fonduetopf und garen Sie das Ganze einige Minuten. Fügen Sie eingeweichte oder gekochte Nudeln Ihrer Wahl hinzu und servieren Sie die Suppe zum Abschluss des Menüs.

Rub

2 TL Zitronenabrieb

2 TL Zitronenpfeffer

1 TL Knoblauchpulver

½ TL Salz

¼ TL schwarzer Pfeffer, frisch gemahlen

500 g Hähnchenbrust, ohne Haut und Knochen, in dünne, etwa 2 ½ cm breite Streifen geschnitten

Brühe

1 ¼ l Hühnerbrühe (fertig gekauft oder frisch zubereitet, siehe Seite 101)

2 Stängel Zitronengras, klein geschnitten (siehe Tipp, Seite 125)

2 Frühlingszwiebeln, gehackt

1 Knoblauchzehe, gehackt

2 EL Minze, gehackt

1 TL Fischsauce

½ TL Zucker

¼ TL Chiliflocken

1. *Rub:* Den Zitronenabrieb, den Zitronenpfeffer, das Knoblauchpulver, das Salz und den Pfeffer in einer Schüssel vermischen.

2. Die Hähnchenbruststreifen in eine flache Schüssel legen, den Rub darübergeben und mit dem Fleisch vermengen, sodass es vollständig bedeckt ist. Zugedeckt mindestens eine Stunde im Kühlschrank ziehen lassen.

3. *Brühe:* Die Hühnerbrühe, das Zitronengras, die Frühlingszwiebeln, den Knoblauch, die Minze, die Fischsauce, den Zucker und die Chiliflocken in einen großen Topf geben und aufkochen. Die Hitze reduzieren und zugedeckt etwa 30 Minuten leise köcheln lassen. In den Fonduetopf füllen und die Temperatur so einstellen, dass die Brühe simmert.

4. Die Geflügelstreifen auf Fonduegabeln spießen und etwa zwei bis vier Minuten in der Brühe garen.

Fondue mit italienischer Kräuterbrühe

4 Portionen

Marinade

2 Knoblauchzehen, gehackt

1 ½ TL Rosmarin, gehackt

1 EL Weißweinessig

1 EL Olivenöl

Salz und frisch gemahlener schwarzer Pfeffer nach Geschmack

500 g Hähnchenbrust, ohne Haut und Knochen, in dünne, etwa 2 ½ cm breite Streifen geschnitten

Brühe

1 EL Olivenöl

2 Schalotten, gehackt

2 Knoblauchzehen, gehackt

1 ¼ l Hühnerbrühe (fertig gekauft oder frisch zubereitet, siehe Seite 101)

2 EL Basilikum, gehackt

2 EL Oregano, gehackt

2 EL Petersilie, gehackt

Vorbereitung

Bereiten Sie die Brühe im Voraus zu und kochen Sie sie vor dem Servieren auf dem Herd nochmals auf. Füllen Sie sie anschließend in den Fonduetopf um.

Servieren mit …

… Gremolata, Dip mit gerösteter roter Paprika, Süßem-Senf-Dip.

1. *Marinade:* Den Knoblauch, den Rosmarin, den Essig, das Olivenöl, einen Esslöffel Wasser, etwas Salz und Pfeffer in einer Schüssel vermischen.

2. Die Hähnchenbruststreifen in eine flache Schüssel legen, die Marinade darübergeben und mit dem Fleisch vermengen, sodass es vollständig bedeckt ist. Zugedeckt mindestens eine Stunde im Kühlschrank ziehen lassen.

3. *Brühe:* Das Öl in einem großen Topf bei mittlerer Hitze erwärmen. Die Schalotten und den Knoblauch hinzufügen und weich dünsten. Die Hühnerbrühe, das Basilikum, den Oregano und die Petersilie einrühren und aufkochen. Die Hitze reduzieren und das Ganze 15 Minuten leise köcheln lassen. Sofort in den Fonduetopf füllen und die Temperatur so einstellen, dass die Brühe simmert.

4. Das Geflügel aus der Marinade nehmen, aufrollen, auf Fonduegabeln spießen und etwa zwei bis vier Minuten in der Brühe garen.

Tipp

Falls Sie das Fondue als Hauptgericht servieren möchten, reichen Sie dazu eine Gemüseplatte mit Pilzen, grünen und roten Paprikastreifen, Zucchinischeiben und Brokkoliröschen. Garen Sie das Gemüse nach Belieben. Sobald noch ein Viertel des Geflügels übrig ist, geben Sie es zusammen mit dem restlichen Gemüse in den Fonduetopf und garen Sie das Ganze einige Minuten. Fügen Sie vorgekochte Nudeln Ihrer Wahl hinzu und servieren Sie die Suppe zum Abschluss des Menüs.

Vorbereitung

Schälen und putzen Sie die Shrimps, schneiden Sie die Lachsfilets klein und verwahren Sie alles bis zum Servieren im Kühlschrank.

Bereiten Sie die Brühe wie in Schritt 1 beschrieben zu und geben Sie sie kurz vor dem Servieren in den Fonduetopf (siehe Schritt 2).

Servieren mit …

… japanischer Sojasauce, süßer Chili-Sauce, Zitronen-Dill-Dip, Cocktail-Sauce.

Tipp

Auch diese Brühe können Sie nach dem Fondue als Suppe servieren. Geben Sie die restlichen Meeresfrüchte sowie einen Bund gehackten Koriander in die Brühe. Falls Sie mögen, können Sie die Suppe auch mit etwas süßer Chili-Sauce nachwürzen. Fügen Sie noch eingeweichte, abgetropfte Reisnudeln hinzu und kochen Sie diese etwa drei bis fünf Minuten lang. Falls Sie die Suppe nicht am selben Tag verzehren, können Sie sie auch zum Lunch am darauffolgenden Tag genießen!

Koriander-Venusmuschel-Brühe mit Jakobsmuscheln und Shrimps

Brühe

1 EL Olivenöl

1 kleine Zwiebel, gehackt

2 Knoblauchzehen, gehackt

125 ml trockener Weißwein

150 g Venusmuscheln aus der Dose, mit Saft

500 ml Gemüsebrühe (siehe Seite 104)

½ TL Salz

frisch gemahlener schwarzer Pfeffer nach Geschmack

2 Bund Koriander, gehackt

1 ½ TL Butter

½ –1 TL Hot-Pepper-Sauce

gehackte Petersilie zum Garnieren

250–375 g Shrimps, geschält und geputzt

250–375 g Jakobsmuscheln oder Lachsfilet, in mundgerechte Stücke geschnitten

1. *Brühe:* Das Öl in einem großen Topf bei mittlerer Hitze erwärmen. Die Zwiebel und den Knoblauch hinzufügen und etwa zwei Minuten weich dünsten. Den Weißwein hinzugeben und etwa fünf Minuten ohne Deckel leise köcheln lassen, bis die Flüssigkeit etwas reduziert ist. Die Venusmuscheln (mit Saft), die Gemüsebrühe, das Salz und etwas Pfeffer einrühren und etwa zehn Minuten zugedeckt köcheln lassen. Den Koriander, die Butter und die Hot-Pepper-Sauce hinzufügen, nochmals aufkochen und weitere zehn Minuten bei reduzierter Hitze köcheln lassen.

2. Die Brühe in den Fonduetopf füllen und die Temperatur so einstellen, dass die Brühe simmert.

3. Die Shrimps und die Muscheln (oder die Lachstücke) auf Fonduegabeln spießen und etwa zwei bis vier Minuten in der Brühe garen.

Fondue mit Jakobsmuscheln in Zitronen-Honig-Dill-Marinade

Marinade

75 ml Zitronensaft, frisch gepresst

75 ml Honig

1 EL Olivenöl

1 Bund Dill, gehackt

Salz und frisch gemahlener schwarzer Pfeffer nach Geschmack

500 g Jakobsmuscheln

Brühe

1 ¼ l Gemüsebrühe (fertig gekauft oder frisch zubereitet, siehe Seite 104)

1. *Marinade:* Den Zitronensaft, den Honig, das Olivenöl, den Dill, etwas Salz und Pfeffer in einer Schüssel vermischen.

2. Die Muscheln in eine flache Schüssel legen, die Marinade darübergeben und mit den Muscheln vermengen, sodass sie vollständig bedeckt sind. Zugedeckt etwa eine Stunde im Kühlschrank ziehen lassen, gelegentlich wenden.

3. *Brühe:* Die Gemüsebrühe in einem großen Topf aufkochen, sofort in den Fonduetopf füllen und die Temperatur so einstellen, dass die Brühe simmert.

4. Die Muscheln aus der Marinade nehmen, auf Fonduegabeln spießen und etwa ein bis zwei Minuten in der Brühe garen.

Servieren mit ...

... Tzatziki, Cocktail-Sauce, Honig-Senf-Dip.

Tipp

Falls Sie das Fondue als Hauptgericht servieren möchten, reichen Sie dazu eine Gemüseplatte mit grünen und roten Paprikastreifen sowie Brokkoliröschen. Garen Sie das Gemüse nach Belieben. Sobald noch ein Viertel der Muscheln übrig ist, geben Sie diese zusammen mit dem Gemüse in den Fonduetopf und garen Sie das Ganze einige Minuten. Fügen Sie eingeweichte und abgetropfte Reisnudeln und – falls Sie mögen – einen Spritzer Hot-Pepper-Sauce hinzu und servieren Sie die Suppe zum Abschluss des Menüs.

149

Jakobsmuscheln im Reispapier-Mantel

Vorbereitung

Bereiten Sie die Marinade zu und legen Sie die Muscheln mehrere Stunden darin ein.

Servieren mit …

… Hoisin-Sauce, Chili-Knoblauch-Paste, Asiatischem Saucen-Dip.

Tipp

Reispapier ist in verschiedenen Größen. Ich nehme immer etwa 15 Zentimeter große Stücke, mit größerem Reispapier funktioniert es aber auch.

Weichen Sie das getrocknete Reispapier (nicht mehr als sechs Stücke auf einmal) in einer flachen Schüssel mit warmem Wasser etwa zwei bis drei Minuten ein. Nehmen Sie das Papier aus dem Wasser und tupfen Sie es von beiden Seiten trocken. Probieren Sie die Muscheln im Reispapiermantel auch einmal mit Szechuan-Sesam-Hähnchen-Fondue (siehe Seite 144) oder mit einem Vietnamesischen Shrimps-Fondue mit Zitronengras (siehe Seite 154).

Zusätzlich zu Paprika und Daikon-Rettich können Sie auch gedämpfte Blumenkohl- und Brokkoliröschen in das Reispapier einwickeln.

Marinade

2 EL Olivenöl

2 EL trockener Weißwein

2 Knoblauchzehen, gehackt

½ TL Limettenabrieb

2 TL Limettensaft, frisch gepresst

1 TL Dijon-Senf

½ TL Paprikapulver

1 Prise Cayennepfeffer

500 g Jakobsmuscheln

Brühe

1 ¼ l Gemüsebrühe (fertig gekauft oder frisch zubereitet, siehe Seite 104)

16–20 Blätter Reispapier (etwa 15 Zentimeter groß)

Hoisin-Sauce nach Geschmack

1 grüne Paprika, entkernt und in dünne Streifen geschnitten

1 gelbe Paprika, entkernt und in dünne Streifen geschnitten

100 g Daikon-Rettich, geraspelt

Chili-Knoblauch-Sauce (optional)

1. *Marinade:* Das Öl, den Wein, den Knoblauch, den Limettenabrieb, den Limettensaft, den Senf, das Paprikapulver und den Cayennepfeffer in einer Schüssel vermischen.

2. Die Muscheln in eine flache Schüssel legen, die Marinade darübergeben und mit den Muscheln vermengen, sodass sie vollständig bedeckt sind. Zugedeckt mindestens eine Stunde im Kühlschrank ziehen lassen.

3. *Brühe:* Die Brühe in einem großen Topf aufkochen, sofort in den Fonduetopf füllen und die Temperatur so einstellen, dass die Brühe simmert.

4. Die Muscheln aus der Marinade nehmen, auf Fonduegabeln spießen und etwa zwei Minuten in der Brühe garen.

5. Das Reispapier auf eine Servierplatte legen und mit etwas Hoisin-Sauce beträufeln. Jeweils zwei Muscheln, einige Paprikastreifen und etwas Rettich auf das Reispapier geben. Nach Geschmack mit etwas Chili-Knoblauch-Sauce würzen. Ein Ende des Reispapiers umklappen, dann die Seiten einklappen und oben offen lassen.

Fondue mit Jakobsmuscheln

Brühe

1 ¼ l Hühnerbrühe (fertig gekauft oder frisch zubereitet, siehe Seite 101)

75 ml trockener Weißwein

90 g Pilze, in Scheiben geschnitten

1 Schalotte, gehackt

½ TL Thymian, getrocknet

1 Bund Petersilie, gehackt

Weiße Sauce

375 ml fettarme Sahne (10 % Fett)

3 EL Butter

½ TL Salz

3 EL Mehl

500 g Jakobsmuscheln

Vorbereitung

Bereiten Sie die Brühe im Voraus zu und kochen Sie sie vor dem Servieren auf dem Herd nochmals auf. Füllen Sie sie anschließend in den Fonduetopf um.

Servieren mit …

… Nudeln und gedämpftem Gemüse.

1. *Brühe:* Die Hühnerbrühe, den Wein, die Pilze, die Schalotte und den Thymian in einen großen Topf geben und aufkochen. Die Hitze reduzieren und zugedeckt 15 Minuten leise köcheln lassen. In den Fonduetopf füllen und die Temperatur so einstellen, dass die Brühe simmert. Mit Petersilie garnieren.

2. *Weiße Sauce:* Die Butter und die Sahne in einen Topf geben und unter Rühren erhitzen, bis die Butter geschmolzen ist. Das Salz und nach und nach das Mehl einrühren, bis eine sämige Sauce entsteht. Den Topf vom Herd nehmen und die Sauce in vier kleine Schälchen füllen.

3. Die Muscheln auf Fonduegabeln spießen und etwa zwei Minuten in der Brühe garen. Mit der weißen Sauce servieren.

Tipp

Versuchen Sie auch einmal die Kombination aus Jakobsmuscheln und Shrimps. Ersetzen Sie dafür eine Hälfte der angegebenen Menge Jakobsmuscheln durch Shrimps.

Falls einige Meeresfrüchte und etwas Sauce übrig bleiben sollten, garen Sie die Muscheln in der Brühe und geben Sie die Sauce hinzu, und Sie haben z. B. eine wunderbare Füllung für Crêpes oder eine leckere Sauce zu Linguini mit frisch geriebenem Parmesan.

Fondue mit Shrimps in Limetten-Chipotle-Marinade

4 Portionen

Vorbereitung

Bereiten Sie die Marinade zu und legen Sie die Shrimps mehrere Stunden darin ein.

Servieren mit …

… Tzatziki, Cocktail-Sauce, Koriander-Coulis.

Marinade

2 Knoblauchzehen, fein gehackt

75 ml Limettensaft, frisch gepresst

1 Bund Koriander, gehackt

1 EL Chipotle, fein gehackt, in Adobo-Sauce (siehe Tipp, Seite 31)

Salz und frisch gemahlener schwarzer Pfeffer nach Geschmack

500 g Shrimps, geschält und geputzt

Brühe

1 ¼ l Gemüsebrühe (fertig gekauft oder frisch zubereitet, siehe Seite 104)

1. *Marinade:* Den Knoblauch, den Limettensaft, den Koriander, die Chipotle, etwas Salz und Pfeffer in einer Schüssel vermischen.

2. Die Shrimps in eine flache Schüssel legen, die Marinade darübergeben und mit den Shrimps vermengen, sodass sie vollständig bedeckt sind. Zugedeckt mindestens eine Stunde im Kühlschrank ziehen lassen, gelegentlich wenden.

3. *Brühe:* Die Gemüsebrühe in einem großen Topf aufkochen. Sofort in den Fonduetopf füllen und die Temperatur so einstellen, dass die Brühe simmert.

4. Die Shrimps aus der Marinade nehmen, auf Fonduegabeln spießen und etwa ein bis zwei Minuten in der Brühe garen.

Tempura-Gemüse (Seite 97)

Paella-Fondue (Seite 115)

Italienische Hochzeitsbrühe mit Kalbfleisch (Seite 120)

Mongolischer Feuertopf (Seite 130)

Indische Mango-Brühe mit Hähnchen (Seite 137)

Pesto-Hähnchen-Fondue (Seite 140)

Koriander-Venusmuschel-Brühe mit Jakobsmuscheln
und Shrimps (Seite 148)

Shrimps in mexikanischer Brühe

Brühe

1 Jalapeño

1 rote Paprika

1 ¼ l Hühner- oder Gemüsebrühe (fertig gekauft oder frisch zubereitet, siehe Seite 101 bzw. 104)

1 Bund Koriander, gehackt

2 Zwiebeln, gehackt

125 ml mexikanisches Bier (z. B. Corona)

2 Knoblauchzehen, gehackt

4–6 Tropfen Hot-Pepper-Sauce

500 g Shrimps, geschält und geputzt

1. *Brühe:* Die Jalapeño und die Paprika in einer Grillpfanne etwa 20 Minuten unter häufigem Wenden grillen, bis die Schoten rundherum schwarz sind. Die Schoten etwa fünf bis zehn Minuten in ein verschließbares Gefäß geben, anschließend schälen, entkernen und klein hacken.

2. Die Brühe, den Koriander, die Zwiebeln, das Bier, den Knoblauch, die Jalapeño, die Paprika und die Hot-Pepper-Sauce in einen großen Topf geben und aufkochen. Die Hitze reduzieren und zugedeckt 15 Minuten leise köcheln lassen. Sofort in den Fonduetopf füllen und die Temperatur so einstellen, dass die Brühe simmert.

3. Die Shrimps auf Fonduegabeln spießen und etwa ein bis zwei Minuten in der Brühe garen.

Vorbereitung

Die Jalapeño und die Paprika können Sie im Voraus rösten.

Bereiten Sie die Brühe im Voraus zu und kochen Sie sie vor dem Servieren auf dem Herd nochmals auf. Füllen Sie sie anschließend in den Fonduetopf um.

Servieren mit …

… Cocktail-Sauce, Salsa Verde, Mango-Salsa.

Tipp

Falls Sie das Fondue als Hauptgericht servieren möchten, reichen Sie eine Gemüseplatte mit Pilzen, Paprikastreifen, Zucchinischeiben, Blumenkohl- und Brokkoliröschen dazu. Garen Sie das Gemüse nach Belieben. Sobald noch ein Viertel der Shrimps übrig ist, geben Sie diese zusammen mit dem restlichen Gemüse in den Fonduetopf und garen Sie das Ganze einige Minuten. Fügen Sie gekochte Eiernudeln und – falls Sie mögen – einen Spritzer Hot-Pepper-Sauce hinzu und servieren Sie die Suppe zum Abschluss des Menüs.

Vietnamesisches Shrimps-Fondue mit Zitronengras

Vorbereitung

Bereiten Sie die Marinade zu und legen Sie die Shrimps mehrere Stunden darin ein.

Servieren mit …

… Salsa Verde, Chili-Essig, Asiatischem Saucen-Dip, Thailändischer Erdnuss-Sauce.

Marinade

1 EL Pflanzenöl

1 EL Fischsauce

3 Frühlingszwiebeln, gehackt

1 Knoblauchzehe, gehackt

3 EL Erdnüsse, geröstet und gehackt

2 Stängel Zitronengras, gehackt (siehe Tipp, Seite 125)

1 TL Zucker

½ TL Chiliflocken

½ TL Salz

¼ TL schwarzer Pfeffer, frisch gemahlen

500 g Shrimps, geschält und geputzt

Brühe

1 ¼ l Hühnerbrühe (fertig gekauft oder frisch zubereitet, siehe Seite 101)

1. *Marinade:* Das Öl, die Fischsauce, die Frühlingszwiebeln, den Knoblauch, die Erdnüsse, das Zitronengras, den Zucker, die Chiliflocken, das Salz und den Pfeffer im Mixer pürieren.

2. Die Shrimps in eine flache Schüssel legen, die Marinade darübergeben und mit den Shrimps vermengen, sodass sie vollständig bedeckt sind. Zugedeckt mindestens eine Stunde im Kühlschrank ziehen lassen.

3. *Brühe:* Die Gemüsebrühe in einem großen Topf aufkochen. Sofort in den Fonduetopf füllen und die Temperatur so einstellen, dass die Brühe simmert.

4. Die Shrimps aus der Marinade nehmen, auf Fonduegabeln spießen und etwa zwei Minuten in der Brühe garen.

Tipp

Fischsauce wird in der vietnamesischen und thailändischen Küche häufig verwendet. Sie hat einen salzigen Geschmack und ein scharfes Aroma.

Zitronen-Koriander-Thunfisch-Fondue

Marinade

1 TL Zitronenabrieb

50 ml Zitronensaft, frisch gepresst

2 Knoblauchzehen, gehackt

2 EL Olivenöl

1 TL Koriander, gemahlen

¼ TL Rosmarin, getrocknet

¼ TL Thymian, getrocknet

500 g Thunfischsteaks, in etwa 2 ½ cm große Würfel geschnitten

Brühe

750 ml Fisch- oder Gemüsebrühe (fertig gekauft oder frisch zubereitet, siehe Seite 103 bzw. 104)

1. *Marinade:* Den Zitronenabrieb, den Zitronensaft, den Knoblauch, das Öl und die Gewürze in eine Schüssel geben und gut vermischen.

2. Die Thunfischstücke in eine flache Schüssel legen, die Marinade darübergeben und mit dem Fisch vermengen, sodass er vollständig bedeckt ist. Zugedeckt mindestens eine Stunde im Kühlschrank ziehen lassen.

3. *Brühe:* Die Brühe in einem großen Topf aufkochen. Sofort in den Fonduetopf füllen und die Temperatur so einstellen, dass die Brühe simmert.

4. Den Thunfisch aus der Marinade nehmen, auf Fonduegabeln spießen und etwa zwei bis vier Minuten in der Brühe garen.

Vorbereitung

Bereiten Sie die Marinade zu und legen Sie die Thunfischsteaks mehrere Stunden darin ein.

Servieren mit …

… Wasabi-Mayonnaise, Tartar-Sauce, Cocktail-Sauce, Honig-Dill-Dip.

Dieses Fondue ist erstaunlich einfach zuzubereiten, extrem lecker und dabei fettarm!

Tipp

Die meisten Fischsorten eignen sich nicht für Fondue, da ihr Fleisch nicht fest genug ist und sie beim Garen im Fonduetopf auseinanderfallen würden. Ausnahmen sind allerdings Thunfisch, Heilbutt und Lachs. Bei diesem Gericht können Sie statt Thunfischsteaks auch Heilbutt verwenden.

Gemahlener Koriander verleiht diesem Fondue ein etwas ungewöhnliches, aber durchaus angenehmes Aroma. Falls Sie keinen Koriander mögen (oder keinen zur Hand haben), können Sie diesen auch durch Kümmel ersetzen – allerdings wird das Ergebnis nicht so überragend sein.

Bagna Cauda

6 Knoblauchzehen

50 g Sardellen, die Flüssigkeit auffangen

125 ml Olivenöl

2 EL Butter

frisch gemahlener schwarzer Pfeffer nach Geschmack

blanchiertes Gemüse, z. B. in Scheiben geschnittene Fenchelknollen,

Zucchinischeiben, Brokkoli- oder Blumenkohlröschen (siehe Tipp)

Pilze und Paprikastreifen, roh oder geröstet

Baguette-, Focaccia- oder Pita-Brotwürfel

Vorbereitung

Schneiden Sie das Gemüse klein.

Servieren mit …

… Aïoli mit roter Paprika, Gremolata, Salsa Verde.

1. Den Knoblauch, die Sardellen und die aufgefangene Flüssigkeit im Mixer pürieren.

2. Das Knoblauch-Sardellen-Püree, das Olivenöl und die Butter in einen Topf geben und bei mittlerer Hitze unter ständigem Rühren erwarmen. Mit etwas Pfeffer abschmecken und etwa fünf Minuten leise köcheln lassen. Sofort in den Fonduetopf füllen und die Temperatur so einstellen, dass die Brühe simmert.

3. Das Gemüse oder ein Stück Brot auf Fonduegabeln spießen und in der heißen Bagna Cauda garen.

Diese piemonteser Spezialität ist gleichermaßen einfach wie auch köstlich.

Tipp

Blanchieren Sie das Gemüse etwa fünf Minuten in kochendem Wasser. (Es sollte noch bissfest sein.) Tauchen Sie es anschließend in eiskaltes Wasser, um den Garprozess zu beenden, und lassen Sie es anschließend abtropfen.

Ingwer-Tofu in Brühe

Marinade
50 ml Sojasauce
2 EL Ingwer, gehackt
2 EL Zucker
1 EL Sesamöl

375 g Tofu, gewürfelt

Brühe
1 ¼ l Gemüsebrühe (fertig gekauft oder frisch zubereitet, siehe Seite 104)

1. *Marinade:* Die Sojasauce, den Ingwer, den Zucker und das Sesamöl in einer Schüssel vermischen.

2. Die Tofuwürfel in eine flache Schüssel legen, die Marinade darübergeben und mit dem Tofu vermengen, sodass er vollständig bedeckt ist. Zugedeckt mindestens eine Stunde im Kühlschrank ziehen lassen.

3. *Brühe:* Die Gemüsebrühe in einem großen Topf aufkochen. Sofort in den Fonduetopf füllen und die Temperatur so einstellen, dass die Brühe simmert.

4. Die Tofuwürfel mit einem Schaumlöffel aus der Marinade nehmen und auf eine Servierplatte legen. Die Marinade in kleine Schalen füllen. Den Tofu auf Fonduegabeln spießen und etwa drei Minuten oder nach Belieben in der Brühe garen und anschließend in die Marinade oder andere Saucen tauchen.

Vorbereitung
Bereiten Sie die Marinade bereits am Morgen zu und legen Sie den Tofu darin ein. Erhitzen Sie vor dem Servieren einfach die Brühe auf dem Herd und füllen Sie sie in den Fonduetopf um.

Servieren mit …
… Marinaden und Dips, z. B. Süß-saure Sauce mit geröstetem Sesam.

Dieses großartige, fettarme Gericht eignet sich hervorragend für Vegetarier. Auch die „Nicht-Vegetarier", die glauben, dass Sie keinen Tofu mögen, werden sehr überrascht sein.

Tipp
Sollten Tofuwürfel übrig bleiben, braten Sie diese zusammen mit Pilzen, Zucchini oder anderem Gemüse in der Pfanne und servieren Sie Basmati Reis dazu.

Marinaden, in denen Fleisch oder Geflügel eingelegt wurde, müssen aus hygienischen und gesundheitlichen Gründen nach dem Marinieren entsorgt werden. Diese Marinade für Tofu können Sie als leckeren Dip genießen.

Dessert-Fondues

Zutaten

Dessert-Fondues gehören zu den beliebtesten Fondues. Und es gibt nicht nur das klassische Schokoladen-Fondue, das jeder kennt. Wie Sie in diesem Kapitel entdecken werden, sind zahlreiche süße Fondue-Varianten möglich, die einen erinnerungswürdigen Abschluss eines fabelhaften Fondue-Abends garantieren.

Zugegebenermaßen ist das klassische Schokoladen-Fondue jedoch das beliebteste von all diesen süßen Abschlüssen. Wichtig ist hierbei, darauf hinzuweisen, dass Sie nur die besten Schokoladensorten verwenden sollten. Das Gleiche gilt für weiße Schokolade (auch wenn sie streng genommen gar keine richtige Schokolade ist). Verwenden Sie immer das beste Produkt, das Sie bekommen können. Sie werden den Unterschied schmecken.

Vorbereitung

Schokoladen-Fondues sollten am besten erst kurz vor dem Servieren zubereitet werden. Für die Zubereitung der meisten Fondues benötigen Sie nur fünf bis zehn Minuten. Einige Fondues, wie z. B. das Butterscotch-Fondue (siehe Seite 172) oder das Kirsch-Fondue (siehe Seite 176), können Sie allerdings auch im Voraus zubereiten und vor dem Servieren einfach erhitzen.

Ein Wasserbad eignet sich am besten, um die Schokolade zu schmelzen. Sie können sie auch in Ihre Mikrowelle (bei mittlerer Einstellung) geben. Sie sollten die Eigenschaften Ihrer Mikrowelle jedoch gut kennen und die Konsistenz der Schokolade etwa jede Minute kontrollieren. Nehmen Sie die Schokolade heraus, solange sie noch nicht vollständig geschmolzen ist. Rühren Sie mit der Hand weiter, bis eine geschmeidige Paste entsteht.

Schmelzen Sie die Schokolade immer zusammen mit einer anderen Zutat (z. B. mit Sahne oder mit Butter). Die Sahne sollte allerdings etwas angewärmt werden, bevor Sie die Schokolade hinzufügen. Es ist außerdem leichter, Schokolade gleichmäßig zu schmelzen, wenn sie zuvor in kleinere Stücke gehackt wurde.

Falls die Schokolade anhängt oder sogar anbrennt, wird sie körnig und kann nicht mehr verwendet werden.

Sollte das Fondue zu dünnflüssig sein, lassen Sie es einige Minuten simmern, bis die gewünschte Konsistenz erreicht ist. Ist es zu dickflüssig, können Sie nach und nach noch etwas Schnaps, Obstsaft oder Sahne hinzugeben, bis es die gewünschte Konsistenz hat. Fügen Sie jedoch nie mehr als einen Esslöffel auf einmal hinzu.

Im Fonduetopf

Verwenden Sie nur Fondue-Töpfe, die speziell für Dessert-Fondues hergestellt werden. Diese Töpfe bestehen aus Keramik oder Steingut und sind kleiner als z. B. Töpfe für Käsefondues. Als sanfte Hitzequelle dient ein Teelicht (kein Spiritusbrenner!). Das Teelicht gibt genügend Hitze ab, um das Fondue warmzuhalten, ohne es zu erhitzen, sodass die Schokoladenmasse nicht anbrennen kann.

Das Servieren

Frische Früchte sind die besten Zutaten für die meisten Dessert-Fondues – speziell für Schokola-den-Fondues. Dafür eignen sich z. B. Erdbeeren, Bananen, Mangos, Kiwis, säuerliche Äpfel, Birnen, kernlose Trauben, Nektarinen, Honigmelone, Ananas, entkernte Kirschen und Melonen.

Zusätzlich zu frischem Obst können Sie auch Löffelbiskuit, Butterkekse, süßes Gebäck, Biskuit, Rührkuchen, Bananenbrot, Schokoladen-Muffins (für Dessert-Fondues ohne Schokolade), Bretzeln, Popcorn, Nüsse, Marshmallows und übrig gebliebenes Baguette (etwa vom Käsefondue) reichen. Maraschino-Kirschen, Orangen, getrocknete Aprikosen und getrocknete Äpfel sind eben-falls delikate Zutaten.

Die meisten Früchte und Backwaren können Sie schon im Voraus klein schneiden. Damit aber Äpfel oder Birnen nicht braun werden, sollten Sie einige Spritzer Zitronensaft darübergeben. Bananen hingegen sollten Sie erst kurz vor dem Servieren in Scheiben schneiden.

Dieses Fondue eignet sich perfekt für einen Abend mit Gästen. Ihre Gäste werden die Kombination dreier Liköre mit dunkler Schokolade lieben.

Vorbereitung

Hacken Sie die Schokolade in kleine Stücke.

Schneiden Sie die Früchte und die anderen Zutaten (außer den Bananen) klein.

Servieren mit …

… Ananas, Bananen, Mangostücken, Melonenwürfeln, getrockneten Aprikosen, Erdbeeren, Bretzeln, Löffelbiskuit.

B-52-Schokoladen-Fondue

180 ml Schlagsahne

375 g dunkle Schokolade, in Stücke gehackt

1 EL Kahlúa (mexikanischer Kaffeelikör)

1 EL Grand Marnier

1 EL Baileys

1. Die Sahne im Wasserbad erhitzen (das Wasser darf nicht kochen). Die Schokolade einrühren und unter ständigem Rühren schmelzen lassen, bis eine gleichmäßige Masse entsteht. Den Topf vom Herd nehmen und den Kahlúa, den Grand Marnier und den Baileys einrühren. In den Fonduetopf umfüllen und das Teelicht anzünden.

2. Die Früchte und das Gebäck auf Fonduegabeln spießen und in die Schokolade tauchen.

Tipp

Verwenden Sie qualitativ hochwertige Schokolade – das macht den gewissen Unterschied!

Vorbereitung

Hacken Sie die Schokolade in kleine Stücke.

Schneiden Sie die Früchte und die anderen Zutaten klein. Besprenkeln Sie die Apfelspalten mit etwas Zitronensaft.

Servieren mit …

… Erdbeeren, Kiwischeiben, Apfelspalten, Bananenbrot.

Fondue mit Zartbitterschokolade

250 ml Schlagsahne

250 g Zartbitterschokolade, in Stücke gehackt

2 EL Grand Marnier oder Amaretto (oder ein anderer Likör)

1. Die Sahne im Wasserbad erhitzen (das Wasser darf nicht kochen). Die Schokolade einrühren und unter ständigem Rühren schmelzen lassen, bis eine gleichmäßige Masse entsteht. Den Topf vom Herd nehmen und den Likör einrühren. In den Fonduetopf umfüllen und das Teelicht anzünden.

2. Die Früchte und das Gebäck auf Fonduegabeln spießen und in die Schokolade tauchen.

Fondue mit dunkler und weißer Schokolade

375 ml Schlagsahne
250 g weiße Schokolade, in Stücke gehackt

1 TL Vanillepulver
1 EL Kahlúa oder ein anderer Likör
125 g dunkle Schokotropfen

1. Die Sahne im Wasserbad erhitzen (das Wasser darf nicht kochen). Die Schokolade einrühren und unter ständigem Rühren schmelzen lassen, bis eine cremige Masse entsteht. Den Topf vom Herd nehmen und die Vanille und den Kahlúa einrühren. In den Fonduetopf umfüllen und das Teelicht anzünden. Die Schokotropfen mit einem Messer einrühren, um ein schönes Muster zu erzeugen.

2. Die Früchte und das Gebäck auf Fonduegabeln spießen und in die Schokolade tauchen.

4 Portionen

Sie können sich nicht entscheiden? Dieses Fondue bietet etwas für jeden Schokoladenfan.

Vorbereitung
Hacken Sie die Schokolade in kleine Stücke.

Schneiden Sie die Früchte (außer den Bananen) und die anderen Zutaten klein. Besprenkeln Sie die Apfelspalten mit etwas Zitronensaft.

Servieren mit …
… Erdbeeren, Bananenscheiben, Apfelspalten, Bretzeln, Löffelbiskuit, Tassenkuchen.

Schokoladen-Orangen-Fondue für Kinder

125 ml Schlagsahne
250 g Zartbitterschokolade, in Stücke gehackt

1 TL Orangenabrieb
2 EL Orangensaft, frisch gepresst

1. Die Sahne im Wasserbad erhitzen (das Wasser darf nicht kochen). Die Schokolade einrühren und unter ständigem Rühren schmelzen lassen, bis eine cremige Masse entsteht. Den Topf vom Herd nehmen und den Orangenabrieb und den -saft einrühren. In den Fonduetopf umfüllen und das Teelicht anzünden.

2. Die Früchte und das Gebäck auf Fonduegabeln spießen und in die Schokolade tauchen.

4 Portionen

Vorbereitung
Hacken Sie die Schokolade in kleine Stücke.

Schneiden Sie die Früchte (außer den Bananen) und die anderen Zutaten klein. Besprenkeln Sie die Apfelspalten mit etwas Zitronensaft.

Servieren mit …
… Ananasstücken, Bananenscheiben, Apfelspalten, Bananenkuchen, Löffelbiskuit, Vollkornkräckern.

Tipp

Falls das Fondue zu dickflüssig sein sollte, geben Sie einen Esslöffel Sahne oder Likör hinzu.

Bereiten Sie das Fondue erst kurz vor dem Servieren zu.

Vorbereitung

Hacken Sie die gerösteten Cashewnüsse klein.

Schneiden Sie die Früchte (außer den Bananen) und die anderen Zutaten klein.

Servieren mit …

… Ananasstücken, Erdbeeren, Bananen, Biskuit, Bretzeln.

Schokoladen-Butterscotch-Fondue

250 g Schokolade, gehackt

250 g Toffees, gehackt

2 EL fettarme Sahne

1 EL Kahlúa oder ein anderer Likör

50 g Cashewnüsse, geröstet, gehackt

1. Die Schokolade, die Toffees und die Sahne im Wasserbad unter ständigem Rühren erhitzen (das Wasser darf nicht kochen), bis eine cremige Masse entsteht. Den Topf vom Herd nehmen und den Kahlúa einrühren. In den Fonduetopf umfüllen und das Teelicht anzünden. Die Cashewnüsse darüberstreuen.

2. Die Früchte und das Gebäck auf Fonduegabeln spießen und in die Schokolade tauchen.

Tipp

Sie können auch getrocknete Cranberrys statt Sauerkirschen verwenden.

Vorbereitung

Hacken Sie die Schokolade in kleine Stücke.

Schneiden Sie die Früchte (außer den Bananen) und die anderen Zutaten klein.

Servieren mit …

… Erdbeeren, Ananasstücken, Bananenscheiben, Walnussbrot, Tassenkuchen, Marshmallows, Löffelbiskuit, Vollkorn- und Vanillekräckern.

Schokoladen-Kirsch-Fondue

125 ml Schlagsahne

250 g Zartbitterschokolade, in Stücke gehackt

1 EL Kirschwasser oder ein anderer Likör oder Schnaps

85 g Sauerkirschen, getrocknet

1. Die Sahne im Wasserbad erhitzen (das Wasser darf nicht kochen). Die Schokolade einrühren und unter ständigem Rühren schmelzen lassen, bis eine cremige Masse entsteht. Den Topf vom Herd nehmen und das Kirschwasser sowie die Kirschen einrühren. In den Fonduetopf umfüllen und das Teelicht anzünden.

2. Die Früchte und das Gebäck auf Fonduegabeln spießen und in die Schokolade tauchen.

Schokoladen-Kokosnuss-Fondue

4 Portionen

250 g Zartbitterschokolade,
in Stücke gehackt

75 ml Kondensmilch

2 EL Tia Maria oder ein anderer Likör

2 EL Kokosnussraspeln, geröstet

1. Die Schokolade mit der Kondensmilch im Wasserbad erhitzen (das Wasser darf nicht kochen) und unter ständigem Rühren schmelzen lassen, bis eine cremige Masse entsteht. Den Topf vom Herd nehmen und den Tia Maria einrühren. In den Fonduetopf umfüllen, das Teelicht anzünden und die Kokosnussraspeln einrühren.

2. Die Früchte und das Gebäck auf Fonduegabeln spießen und in die Schokolade tauchen.

Tipp

Rösten Sie die Kokosnussraspeln im Ofen bei 180 °C etwa zwei bis vier Minuten, bis sie goldbraun, aber nicht verbrannt sind. Rühren Sie sie nach ein bis zwei Minuten durch.

Vorbereitung

Rösten Sie die Kokosnussraspeln (siehe Tipp).

Hacken Sie die Schokolade in kleine Stücke.

Schneiden Sie die Früchte (außer den Bananen) und die anderen Zutaten klein.

Servieren mit …

… Ananasstücken, Bananenscheiben, Mangostücken.

Schokoladen-Fondue mit Granatapfelkernen

4 Portionen

175 ml Schlagsahne

375 g Vollmilchschokolade, in Stücke gehackt

1 EL Granatapfelsaft

1 EL Grenadine

100 g Granatapfelkerne

1. Die Sahne im Wasserbad erhitzen (das Wasser darf nicht kochen). Die Schokolade einrühren und unter ständigem Rühren schmelzen lassen, bis eine gleichmäßige Masse entsteht. Den Topf vom Herd nehmen und den Granatapfelsaft, die Grenadine und die Granatapfelkerne einrühren. In den Fonduetopf umfüllen und das Teelicht anzünden.

2. Die Früchte und das Gebäck auf Fonduegabeln spießen und in die Schokolade tauchen.

Vorbereitung

Hacken Sie die Schokolade in kleine Stücke.

Entkernen Sie den Granatapfel, indem Sie ihn halbieren, die Hälften in Wasser tauchen und die Kerne mit der Hand entfernen.

Schneiden Sie die Früchte (außer den Bananen) und die anderen Zutaten klein.

Servieren mit …

… Brombeeren, Erdbeeren, Bananenscheiben, getrockneten Aprikosen, Datteln, Butterkeksen, Löffelbiskuit.

Tipp

Verwenden Sie ungesüßte Backschokolade. Wegen der Marshmallows würde eine andere Schokoladensorte dieses Fondue zu süß machen.

Falls Ihnen das Fondue dennoch zu süß ist, rühren Sie ein bis zwei Teelöffel Zitronensaft unter.

Vorbereitung

Schneiden Sie die Früchte und die anderen Zutaten klein.

Servieren mit …

… Nektarinenspalten, Melonenstücken, kernlosen Trauben, Tassenkuchen, Butterkeksen.

Schokoladen-Fondue mit Marshmallows

60 g ungesüßte Backschokolade	2 EL fettarme Sahne
20 Marshmallows, geviertelt	1 EL Butter
90 ml Maissirup	1 TL Vanillepulver

1. Die Schokolade, die Marshmallows, den Maissirup und die Sahne im Wasserbad unter ständigem Rühren erhitzen (das Wasser darf nicht kochen), bis eine cremige Masse entsteht. Den Topf vom Herd nehmen und in einem zweiten Topf die Butter schmelzen und diese zusammen mit dem Vanillepulver in die Schokoladenmasse einrühren. In den Fonduetopf umfüllen und das Teelicht anzünden.

2. Die Früchte und das Gebäck auf Fonduegabeln spießen und in die Schokolade tauchen.

Tipp

Dekorieren Sie die Früchte- und Gebäckplatte mit Minzblättern. Streuen Sie gehackte Minze über die Früchte und das Gebäck, nachdem sie in die Schokolade getaucht wurden.

Vorbereitung

Schneiden Sie die Früchte und die anderen Zutaten klein.

Servieren mit …

… Löffelbiskuit, Ananasstücken, Kirschen, Marshmallows.

Schokoladen-Fondue mit Pfefferminze

125 ml Schlagsahne	1 EL Pfefferminzlikör
250 g Zartbitterschokolade, geraspelt	1 EL Pfefferminzbonbons, fein gehackt

1. Die Sahne im Wasserbad erhitzen (das Wasser darf nicht kochen). Die Schokolade einrühren und unter ständigem Rühren schmelzen lassen, bis eine cremige Masse entsteht. Den Topf vom Herd nehmen und den Pfefferminzlikör einrühren. In den Fonduetopf umfüllen, das Teelicht anzünden und die Pfefferminzbonbons unterrühren.

2. Die Früchte und das Gebäck auf Fonduegabeln spießen und in die Schokolade tauchen.

Schokoladen-Fondue mit Erdnussbutter

175 ml Schlagsahne

100 g grobe Erdnussbutter

250 g Vollmilchschokolade, in Stücke gehackt

1 TL Vanillepulver

1. Die Sahne und die Erdnussbutter im Wasserbad erhitzen (das Wasser darf nicht kochen), bis die Erdnussbutter weich wird. Die Schokolade einrühren und unter ständigem Rühren schmelzen lassen, bis eine cremige Masse entsteht. Den Topf vom Herd nehmen und das Vanillepulver einrühren. In den Fonduetopf umfüllen und das Teelicht anzünden.

2. Die Früchte und das Gebäck auf Fonduegabeln spießen und in die Schokolade tauchen.

Wer kann schon Schokolade und Erdnussbutter widerstehen?

Vorbereitung

Hacken Sie die Schokolade in kleine Stücke.

Schneiden Sie die Früchte (außer den Bananen) und die anderen Zutaten klein. Besprenkeln Sie die Apfelspalten mit etwas Zitronensaft.

Servieren mit ...

... Bananenscheiben, Apfelspalten, Kirschen, Butterkeksen, Vanillekeksen, Marshmallows, Tassenkuchen.

Schokoladen-Fondue mit Sauerrahm

125 ml Schlagsahne

75 ml Sauerrahm

375 g Vollmilchschokolade, in Stücke gehackt

1 EL Crème de Cacao (oder ein anderer Likör)

1. Die Sahne und den Sauerrahm verrühren und im Wasserbad erhitzen (das Wasser darf nicht kochen). Die Schokolade hinzufügen und unter ständigem Rühren schmelzen lassen, bis eine gleichmäßige Masse entsteht. Den Topf vom Herd nehmen und den Likör einrühren. In den Fonduetopf umfüllen und das Teelicht anzünden.

2. Die Früchte und das Gebäck auf Fonduegabeln spießen und in die Schokolade tauchen.

Vorbereitung

Hacken Sie die Schokolade in kleine Stücke.

Schneiden Sie die Früchte und die anderen Zutaten klein. Besprenkeln Sie die Birnenspalten mit etwas Zitronensaft.

Servieren mit ...

... Himbeeren, Melonenwürfeln, Ananasstücken, Kiwischeiben, Birnenspalten, Butterkeksen, Toast Melba.

Fondue mit dunkler Schokolade

4 Portionen

Vorbereitung

Hacken Sie die Schokolade in kleine Stücke.

Schneiden Sie die Früchte (außer den Bananen) und die anderen Zutaten klein. Besprenkeln Sie die Apfelspalten mit etwas Zitronensaft.

Servieren mit …

… Melonenwürfeln, Apfelspalten, Ananasstücken, Kirschen, Erdbeeren, Bananenscheiben, Orangenspalten, Tassenkuchen, Löffelbiskuit, Bananenbrot, Marshmallows.

175 ml Schlagsahne

375 g dunkle Schokolade, in Stücke gehackt

2 EL Kirschwasser oder Kahlúa (oder ein anderer Likör oder Schnaps)

1. Die Sahne im Wasserbad erhitzen (das Wasser darf nicht kochen). Die Schokolade zugeben und unter ständigem Rühren schmelzen lassen, bis eine gleichmäßige Masse entsteht. Den Topf vom Herd nehmen und den Kirschlikör einrühren. In den Fonduetopf umfüllen und das Teelicht anzünden.

2. Die Früchte und das Gebäck auf Fonduegabeln spießen und in die Schokolade tauchen.

Schokoladen-Fondue für Diabetiker

4 Portionen

Dieses Fondue eignet sich besonders für die stetig wachsende Zahl der Menschen, die an Diabetes erkranken, und auch für jene, die auf ihre Zuckerwerte und ihre Fettzufuhr achten müssen.

Vorbereitung

Schneiden Sie die Früchte (außer den Bananen) und die anderen Zutaten klein. Besprenkeln Sie die Apfel- und Birnenspalten mit etwas Zitronensaft.

Servieren mit …

… Bananenscheiben, Erdbeeren, Apfel- und Birnenspalten, Orangenstücken, zuckerfreiem Biskuit.

100 g ungesüßtes Kakaopulver

250 ml fettarme Kondensmilch

2 EL Margarine

15 ml Splenda-Süßstoff

1 EL Speisestärke

1 TL Vanillepulver

65 g Walnüsse, geröstet und gehackt (optional)

1. Das Kakaopulver mit der Kondensmilch verrühren. In einem mittelgroßen Topf die Margarine bei mittlerer Hitze schmelzen lassen. Die Kakaopulvermischung und den Splenda-Süßstoff unterrühren, bis eine geschmeidige Masse entsteht. Die Hitze erhöhen, die Speisestärke einrühren und zwei Minuten erhitzen (nicht kochen). Das Vanillepulver unterrühren und den Topf vom Herd nehmen. In den Fonduetopf umfüllen und das Teelicht anzünden. Die Walnüsse darüberstreuen (optional).

2. Die Früchte und das Gebäck auf Fonduegabeln spießen und in die Kakaomasse tauchen.

Himmlisches Schokoladen-Fondue

4 bis 6 Portionen

175 ml Schlagsahne

375 g Zartbitterschokolade, in Stücke gehackt

2 EL Kahlúa oder Amaretto (oder ein anderer Likör)

1. Die Sahne im Wasserbad erhitzen (das Wasser darf nicht kochen). Die Schokolade einrühren und unter ständigem Rühren schmelzen lassen, bis eine geschmeidige Masse entsteht. Den Topf vom Herd nehmen und den Kahlúa einrühren. In den Fonduetopf umfüllen und das Teelicht anzünden.

2. Die Früchte und das Gebäck auf Fonduegabeln spießen und in die Schokolade tauchen.

Tipp

Sie können die Schokolade entweder mit einem großen Messer in kleine Stücke hacken oder mit einer groben Reibe raspeln.

Vorbereitung

Schneiden Sie die Früchte (außer den Bananen) und die anderen Zutaten klein. Besprenkeln Sie die Birnenspalten mit etwas Zitronensaft.

Servieren mit …

… Bananenscheiben, Erdbeeren, Kiwischeiben, gewürfelter Honigmelone, Birnenspalten, Orangenstücken, Vollkornkräckern, Bretzeln.

Fondue mit Honig-Nougat-Schokolade

4 bis 6 Portionen

125 ml fettarme Sahne

400 g Schweizer Honig-Nougat-Schokolade, in Stücke gehackt

1 EL Kahlúa, Cognac oder ein anderer Likör

1. Die Sahne in einem Topf bei geringer Hitze erwärmen (sie darf nicht kochen). Die Schokolade hinzufügen und rühren, bis sie fast vollständig geschmolzen ist. Den Topf vom Herd nehmen und weiterrühren, bis eine geschmeidige Masse entsteht. Langsam den Kahlúa (oder den Cognac oder einen anderen Likör) einrühren. In den Fonduetopf umfüllen und das Teelicht anzünden.

2. Die Früchte auf Fonduegabeln spießen und in die Schokolade tauchen.

Vorbereitung

Schneiden Sie die Früchte (außer den Bananen) und die anderen Zutaten klein. Besprenkeln Sie die Apfel- und Birnenspalten mit etwas Zitronensaft.

Servieren mit …

… Erdbeeren, Bananenscheiben, Ananasstücken, gewürfelter Melone, Apfel- und Birnenspalten, Kiwischeiben.

Lieblings-Schokoladen-Fondue für Kinder

4 Portionen

Vorbereitung

Hacken Sie die Schokolade in kleine Stücke.

Schneiden Sie die Früchte (außer den Bananen) und die anderen Zutaten klein. Besprenkeln Sie die Apfel- und Birnenspalten mit etwas Zitronensaft.

Servieren mit …

… Erdbeeren, Bananenscheiben, Orangenstücken, Apfel- und Birnenspalten, Vanillekeksen, Biskuit, Marshmallows, Maraschino-Kirschen.

125 ml Schlagsahne
250 g Zartbitterschokolade, in Stücke gehackt

1 EL bunte Zuckerstreusel

1. Die Sahne im Wasserbad erhitzen (das Wasser darf nicht kochen). Die Schokolade einrühren und unter ständigem Rühren schmelzen lassen, bis eine cremige Masse entsteht. Den Topf vom Herd nehmen, die Masse in den Fonduetopf umfüllen und das Teelicht anzünden. Die Zuckerstreusel kurz vor dem Servieren darübergeben.

2. Die Früchte und das Gebäck auf Fonduegabeln spießen und in die Schokolade tauchen.

Mexikanisches Schokoladen-Fondue

4 Portionen

Vorbereitung

Hacken Sie die Schokolade in kleine Stücke.

Schneiden Sie die Früchte (außer den Bananen) und die anderen Zutaten klein. Besprenkeln Sie die Birnenspalten mit etwas Zitronensaft.

Servieren mit …

… Ananasstücken, Bananen- und Mangoscheiben, Orangenstücken, Birnenspalten, ganzen Mandeln, Kokosnussstücken, Löffelbiskuit.

125 ml Schlagsahne
250 g mexikanische (oder dunkle) Schokolade, in Stücke gehackt
1 Stück Zimtstange (etwa 2 ½ cm lang)

1 TL Zimtpulver
¼ TL Cayennepfeffer
1 EL Tequila oder ein anderer Likör oder Schnaps (optional)

1. Die Sahne im Wasserbad erhitzen (das Wasser darf nicht kochen). Die Schokolade einrühren und unter ständigem Rühren schmelzen lassen, bis eine geschmeidige Masse entsteht. Den Topf vom Herd nehmen und die Zimtstange, das Zimtpulver und den Tequila (optional) einrühren. In den Fonduetopf umfüllen und das Teelicht anzünden.

2. Die Früchte und das Gebäck auf Fonduegabeln spießen und in die Schokolade tauchen.

Mokka-Fudge-Fondue

4 bis 6 Portionen

240 g Puderzucker

125 ml Schlagsahne

50 ml starker Kaffee (oder Espresso)

125 g Zartbitterschokolade

60 g ungesüßte Backschokolade

1 EL Kahlúa

1 TL Vanillepulver

1. Den Puderzucker, die Sahne, den Kaffee und die Schokolade im Wasserbad (das Wasser darf nicht kochen) unter ständigem Rühren erhitzen und schmelzen lassen, bis eine cremige Masse entsteht. Den Topf vom Herd nehmen und den Kahlúa und das Vanillepulver einrühren. In den Fonduetopf umfüllen und das Teelicht anzünden.

2. Die Früchte und das Gebäck auf Fonduegabeln spießen und in die Schokolade tauchen.

Tipp

Sollte das Fondue zu dickflüssig sein, geben Sie noch einen Esslöffel Kaffee hinzu.

Falls Sie ein intensiveres Aroma haben möchten, verwenden Sie anstelle des starken Kaffees einen Espresso.

Vorbereitung

Schneiden Sie die Früchte und die anderen Zutaten klein.

Servieren mit …

… Erdbeeren, kernlosen Trauben, Pfirsichstücken, Bananenkuchenstücken, Tassenkuchen.

Nussiges Schokoladen-Fondue

4 bis 6 Portionen

125 ml fettarme Sahne

170 g Zartbitterschokolade, geraspelt

300 g Erdnussbutter

250 ml Haselnusscreme

2 EL Erdnüsse, gehackt und geröstet

1. Die Sahne im Wasserbad erhitzen (das Wasser darf nicht kochen). Die Schokolade einrühren und unter ständigem Rühren schmelzen lassen, bis eine geschmeidige Masse entsteht. Die Erdnussbutter und die Haselnusscreme einrühren und schmelzen lassen. (Sollte die Masse zu dickflüssig sein, nach und nach einen Esslöffel Sahne unterrühren, bis die gewünschte Konsistenz erreicht ist.) Den Topf vom Herd nehmen, das Ganze in den Fonduetopf umfüllen und das Teelicht anzünden. Die Erdnüsse unterrühren.

2. Die Früchte und das Gebäck auf Fonduegabeln spießen und in die Schokolade tauchen.

Tipp

Lassen Sie das Fondue nicht aus den Augen, da es schnell zu dickflüssig werden kann. Geben Sie etwas leicht erwärmte Sahne hinzu.

Vorbereitung

Schneiden Sie die Früchte (außer den Bananen) und die anderen Zutaten klein. Besprenkeln Sie die Apfelspalten mit etwas Zitronensaft.

Servieren mit …

… Bananenscheiben, Apfel- und Pfirsichspalten, Marshmallows, Bananenbrot, Bretzeln.

Tipp

Verwenden Sie Vollmilchschokolade, falls Sie Zartbitterschokolade nicht so gern mögen.

Vorbereitung

Hacken Sie die Schokolade in kleine Stücke.

Schneiden Sie die Früchte und die anderen Zutaten klein. Besprenkeln Sie die Apfelspalten mit etwas Zitronensaft.

Servieren mit …

… Apfelspalten, Orangenstücken, Ananasstücken, Melonenwürfeln, Löffelbiskuit, Bretzeln.

Schokoladen-Marshmallow-Fondue

250 g Zartbitterschokolade, in Stücke gehackt

20–25 kleine weiße Marshmallows

175 ml fettarme Sahne

1 TL Vanillepulver

1–2 EL Vollkornbutterkekse, zerbröselt

1. Die Schokolade, die Marshmallows und die Sahne im Wasserbad (das Wasser darf nicht kochen) unter ständigem Rühren etwa acht Minuten erhitzen, bis die Schokolade und die Marshmallows geschmolzen sind. Den Topf vom Herd nehmen und das Vanillepulver einrühren. In den Fonduetopf umfüllen und das Teelicht anzünden.

2. Die Früchte und das Gebäck auf Fonduegabeln spießen und in die Schokolade tauchen.

Vorbereitung

Hacken Sie die Schokolade in kleine Stücke.

Schneiden Sie die Früchte (außer den Bananen) und die anderen Zutaten klein. Besprenkeln Sie die Apfelspalten mit etwas Zitronensaft.

Servieren mit …

… Apfelspalten, Erdbeeren, Bananenscheiben, Bretzeln, Löffelbiskuit, Vollkornbutterkeksen.

Schokoladen-Karamell-Fondue mit Pekannüssen

125 ml Schlagsahne

250 g Zartbitterschokolade, in Stücke gehackt

20 weiche Karamellbonbons, geviertelt

60 g Pekannüsse, gehackt

1. Die Sahne im Wasserbad erhitzen (das Wasser darf nicht kochen). Die Schokolade einrühren und unter ständigem Rühren zur Hälfte schmelzen lassen und nach und nach drei Viertel der Karamellbonbons hinzufügen. Weiterrühren, bis die Schokolade ganz geschmolzen ist, und die Bonbons weich sind. Den Topf vom Herd nehmen, in den Fonduetopf umfüllen und das Teelicht anzünden. Die Pekannüsse darüberstreuen.

2. Die Zutaten auf Fonduegabeln spießen und in die Schokolade tauchen. Nach und nach den Rest der Karamellbonbons hinzufügen und einrühren.

Fondue mit weißer Schokolade und Macadamianüssen

4 Portionen

125 ml Schlagsahne

250 g weiße Schokolade, klein gehackt

1 EL Amaretto oder ein anderer Likör

30 g Macadamianüsse, grob gehackt

1. Die Sahne im Wasserbad erhitzen (das Wasser darf nicht kochen). Die Schokolade einrühren und unter ständigem Rühren schmelzen lassen, bis eine geschmeidige Masse entsteht. Den Topf vom Herd nehmen und den Amaretto einrühren. In den Fonduetopf umfüllen und das Teelicht anzünden. Die Macadamianüsse darüberstreuen.

2. Die Früchte und das Gebäck auf Fonduegabeln spießen und in die Schokolade tauchen.

Vorbereitung

Hacken Sie die Schokolade in kleine Stücke.

Schneiden Sie die Früchte und die anderen Zutaten klein. Besprenkeln Sie die Birnenspalten mit etwas Zitronensaft.

Servieren mit …

… Ananasstücken, Kiwi- und Mangoscheiben, Orangenspalten, Birnenspalten, Kirschen, getrockneten Aprikosen.

Fondue mit weißer Schokolade und Toffee

4 bis 6 Portionen

75 ml Schlagsahne

375 g weiße Schokolade, klein gehackt

125 g Toffees

1. Die Sahne im Wasserbad erhitzen (das Wasser darf nicht kochen). Die Schokolade einrühren und unter ständigem Rühren schmelzen lassen, bis eine geschmeidige Masse entsteht. Den Topf vom Herd nehmen und die Toffees einrühren. In den Fonduetopf umfüllen und das Teelicht anzünden.

2. Die Früchte und das Gebäck auf Fonduegabeln spießen und in die Schokolade tauchen.

Vorbereitung

Schneiden Sie die Früchte (außer den Bananen) und die anderen Zutaten klein. Besprenkeln Sie die Apfelspalten mit etwas Zitronensaft.

Servieren mit …

… Bananenscheiben, Ananasstücken, Erdbeeren, Mangowürfeln, Kiwischeiben, getrockneten Preiselbeeren, Orangen- und Apfelspalten, Pflaumenstücken, Toast Melba, Bretzeln, Löffelbiskuit.

Fondue mit weißer Schokolade

Vorbereitung

Hacken Sie die Schokolade in kleine Stücke.

Schneiden Sie die Früchte (außer den Bananen) und die anderen Zutaten klein. Besprenkeln Sie die Birnenspalten mit etwas Zitronensaft.

Servieren mit …

… Ananasstücken, Bananenscheiben, getrockneten Aprikosen, Bretzeln, Butterkeksen, Pfirsich- und Birnenspalten, Toast Melba.

125 ml Schlagsahne

375 g weiße Schokolade, klein gehackt

1 ½ EL Kokosnuss-Rum

1. Die Sahne im Wasserbad erhitzen (das Wasser darf nicht kochen). Die Schokolade einrühren und unter ständigem Rühren schmelzen lassen, bis eine geschmeidige Masse entsteht. Den Topf vom Herd nehmen und den Rum einrühren. In den Fonduetopf umfüllen und das Teelicht anzünden.

2. Die Früchte und das Gebäck auf Fonduegabeln spießen und in die Schokolade tauchen.

Butterscotch-Fondue

Vorbereitung

Schneiden Sie die Früchte (außer den Bananen) und die anderen Zutaten klein. Besprenkeln Sie die Birnenspalten mit etwas Zitronensaft.

Servieren mit …

… Birnenspalten, Bananenscheiben, Ananasstücken, getrockneten Aprikosen, Biskuitkuchen, Vanillewaffeln.

350 g brauner Zucker

115 g Butter

125 ml Sahne, nicht unter 10 % Fettanteil

1. Den Zucker, die Butter und die Sahne in einen Topf geben, bei geringer Hitze erwärmen und etwa fünf Minuten rühren, bis der Zucker vollständig aufgelöst ist. Die Hitze erhöhen und unter Rühren aufkochen lassen. Anschließend etwa sieben Minuten ohne Rühren einkochen lassen und darauf achten, dass das Ganze nicht zu dickflüssig wird.

2. Die Masse in einen Fonduetopf umfüllen und das Teelicht anzünden.

3. Die Früchte und das Gebäck auf Fonduegabeln spießen und in das Fondue tauchen.

Fondue mit Ahornsirup

4 bis 6 Portionen

400 ml Schlagsahne

125 ml Ahornsirup

1 ½ EL Speisestärke

1 EL Butter

1. Den Sirup und 375 Milliliter Sahne in einem mittelgroßen Topf bei geringer Hitze etwa zwölf Minuten erwärmen, bis die Mischung heiß ist und beginnt, einzudicken. Die Speisestärke mit der restlichen Sahne verrühren und in die Sahne-Sirup-Mischung geben. Die Hitze erhöhen und unter ständigem Rühren die Masse etwa ein bis zwei Minuten eindicken lassen (nicht kochen). Die Butter einrühren, bis sie geschmolzen ist. Den Topf vom Herd nehmen, das Ganze in den Fonduetopf umfüllen und das Teelicht anzünden.

2. Die Früchte und das Gebäck auf Fonduegabeln spießen und in das Fondue tauchen.

Vorbereitung

Schneiden Sie die Früchte (außer den Bananen) und die anderen Zutaten klein.

Servieren mit …

… Ananasstücken, Bananen- und Mangoscheiben, Walnüssen, Löffelbiskuit, Tassenkuchen.

Fondue mit Walnüssen und Ahornsirup

4 bis 6 Portionen

150 ml fettarme Kondensmilch

125 ml Ahornsirup

90 ml Maissirup

1 EL Speisestärke

2 EL Butter

½ TL Vanillepulver

65 g Walnüsse, gehackt

1. Die Kondensmilch, den Ahornsirup und den Maissirup in einem Topf verrühren und bei geringer Hitze erwärmen. Die Hitze erhöhen und die Stärke einrühren. Unter ständigem Rühren etwa fünf Minuten eindicken lassen (nicht kochen). Die Butter und das Vanillepulver hinzufügen und gut verrühren. Sofort in den Fonduetopf umfüllen, das Teelicht anzünden und die Walnüsse einrühren.

2. Die Früchte und das Gebäck auf Fonduegabeln spießen und in das Fondue tauchen.

Vorbereitung

Schneiden Sie die Früchte (außer den Bananen) und die anderen Zutaten klein. Besprenkeln Sie die Apfelspalten mit etwas Zitronensaft.

Servieren mit …

… Ananasstücken, Bananen- und Mangoscheiben, Löffelbiskuit, Apfelspalten.

Vorbereitung

Hacken Sie die Schokolade in kleine Stücke.

Schneiden Sie die Früchte (außer den Bananen) und die anderen Zutaten klein. Besprenkeln Sie die Apfelspalten mit etwas Zitronensaft.

Servieren mit …

… Bananenscheiben, Apfelspalten, Tassenkuchen, Löffelbiskuit mit Schokolade, Bretzeln, Toast Melba, Erdbeeren.

Fondue mit Erdnussbutter

50 g brauner Zucker

50 ml Maissirup

2 EL Butter

4 Marshmallows

200 g feine Erdnussbutter

125 ml fettarme Kondensmilch

1 TL Vanillepulver

1. 50 ml Wasser, den Zucker, den Maissirup und die Butter in einem Topf bei geringer Hitze erwärmen. Etwa fünf Minuten rühren, bis der Zucker vollständig aufgelöst ist. Die Marshmallows, die Erdnussbutter und die Kondensmilch hinzufügen und weiterrühren, bis alles geschmolzen ist und geschmeidig wird. Den Topf vom Herd nehmen und das Vanillepulver einrühren. In den Fonduetopf umfüllen und das Teelicht anzünden. Gelegentlich umrühren, damit das Fondue nicht zu zähflüssig wird.

2. Die Früchte und das Gebäck auf Fonduegabeln spießen und in das Fondue tauchen.

Vorbereitung

Schneiden Sie die Früchte (außer den Bananen) und die anderen Zutaten klein.

Servieren mit …

… Mango-, Pfirsich- und Ananasstücken, Bananenscheiben, getrockneten Aprikosen, Löffelbiskuit, Marshmallows, Butterkeksen.

Butter-Rum-Fondue

115 g brauner Zucker

125 ml Maissirup

250 ml fettarme Sahne, angewärmt

2 EL Speisestärke

50 ml Butter, geschmolzen

2 EL Rum

50 g Rosinen (optional)

1. Den Zucker und den Maissirup in einem Topf bei geringer Hitze erwärmen und etwa fünf Minuten rühren, bis der Zucker vollständig aufgelöst ist. Die Sahne und die Speisestärke in einer Schüssel gründlich vermischen und nach und nach in die Zucker-Sirup-Mischung einrühren. Unter ständigem Rühren kurz aufkochen. Den Topf vom Herd nehmen und die Butter und den Rum einrühren, bis eine cremige Masse entsteht. In den Fonduetopf umfüllen, das Teelicht anzünden und die Rosinen hinzugeben (optional).

2. Die Früchte und das Gebäck auf Fonduegabeln spießen und in das Fondue tauchen.

Vanille-Fondue

4 Portionen

170 g Zucker
4 TL Speisestärke
1 Prise Salz

3 EL Süßrahmbutter, geschmolzen
1 ½ TL Vanillepulver

1. Den Zucker, die Stärke und das Salz in einen Topf geben und vermischen. Nach und nach unter Rühren 300 Milliliter kochendes Wasser hinzugeben und das Ganze aufkochen. Die Hitze reduzieren und etwa fünf Minuten leise köcheln lassen, bis die Masse eingedickt ist.

2. Den Topf vom Herd nehmen und die geschmolzene Butter und das Vanillepulver einrühren. In den Fonduetopf umfüllen und das Teelicht anzünden.

3. Die Früchte und das Gebäck auf Fonduegabeln spießen und in das Fondue tauchen.

Tipp
Verwenden Sie am besten weißes Vanillepulver, da es das Fondue nicht so dunkel werden lässt.

Vorbereitung
Schneiden Sie die Früchte und die anderen Zutaten klein.

Servieren mit …
… Schokoladen-Muffins, Löffelbiskuit mit Schokolade, Himbeerküchlein, Schokoladen-Tassenkuchen, Pfirsich- und Nektarinenspalten, Orangenstücken.

Fondue mit Frischkäse

4 bis 6 Portionen

250 g Frischkäse
200 g Marshmallow-Creme

2 EL Milch
1 TL Zitronensaft, frisch gepresst

1. Den Frischkäse und die Marshmallow-Creme in einen Topf geben und bei mittlerer Hitze unter ständigem Rühren erwärmen, bis alles geschmolzen ist (die Masse darf nicht anbrennen). Die Milch langsam hinzufügen und rühren, bis alle Zutaten gut vermischt sind. Den Zitronensaft einrühren. Den Topf vom Herd nehmen, das Ganze sofort in den Fonduetopf umfüllen und das Teelicht anzünden.

2. Die Früchte und das Gebäck auf Fonduegabeln spießen und in das Fondue tauchen.

Schnell, einfach und lecker – das perfekte Dessert-Fondue!

Vorbereitung
Schneiden Sie die Früchte und die anderen Zutaten klein.

Servieren mit …
… Maraschino-Kirschen, Erdbeeren, Kiwischeiben, Mangostücken, Vollkorn- und Schokoladenkeksen, Schokoladen-Muffins.

Tipp

Sollte die Sauce zu dickflüssig geraten, geben Sie noch etwas Kirschwasser hinzu. Ist sie Ihnen zu süß, können Sie noch etwas Zitronensaft hinzufügen (je etwa einen Teelöffel).

Wenn Sie die Hälfte der Kirschen pürieren, erhalten Sie eine geschmeidigere Konsistenz.

Vorbereitung

Schneiden Sie die Früchte und die anderen Zutaten klein.

Servieren mit …

… Löffelbiskuit, Erdbeeren, Marshmallows – oder über Eiscreme gießen.

Kirsch-Fondue

2 EL Speisestärke

1 Glas (400 ml) Sauerkirschen, entkernt und halbiert, den Saft aufbewahren

55 g Zucker

2 EL Kirschwasser

4 TL Zitronensaft, frisch gepresst

1. Die Stärke in zwei Esslöffeln Wasser in einer Schüssel auflösen.

2. Den Kirschsaft in einem Topf bei mittlerer Hitze erwärmen und die Stärke und den Zucker einrühren. Die Hitze reduzieren und das Ganze etwa fünf Minuten leise köcheln lassen, bis die Sauce eingedickt ist. Die Kirschhälften einrühren und weitere 20 Minuten ohne Deckel leise köcheln lassen. Das Kirschwasser und den Zitronensaft hinzufügen und gut umrühren. In den Fonduetopf umfüllen und das Teelicht anzünden.

3. Die Früchte und das Gebäck auf Fonduegabeln spießen und in das Fondue tauchen.

Tipp

Verwenden Sie auch einmal einen anderen Fruchtlikör anstelle von Grand Marnier.

Vorbereitung

Schneiden Sie die Früchte (außer den Bananen) und die anderen Zutaten klein.

Servieren mit …

… Bananenbrot, Löffelbiskuit, Bananen- und Kiwischeiben, getrockneten Aprikosen.

Ananas-Fondue

250 ml Ananassaft

1 kleine Dose Ananas, klein geschnitten, den Saft aufbewahren

55 g Zucker

2 EL Speisestärke

1 EL Zitronensaft, frisch gepresst

¼ TL Zimt, gemahlen

4 TL Grand Marnier

1. Den Ananassaft, den Saft aus der Dose, den Zucker und die Stärke im Wasserbad erhitzen und unter ständigem Rühren etwa drei bis fünf Minuten köcheln lassen, bis die Flüssigkeit eingedickt ist.

2. Den Topf vom Herd nehmen und den Zitronensaft, das Zimtpulver, die Ananasstücke und den Grand Marnier einrühren. In den Fonduetopf umfüllen und das Teelicht anzünden.

3. Die Früchte und das Gebäck auf Fonduegabeln spießen und in das Fondue tauchen.

Hummus (Seite 184)

Würziges Thai-Fondue mit Kokosmilch (Seite 143)

Jakobsmuscheln im Reispapier-Mantel (Seite 150)

Lieblings-Schokoladen-Fondue für Kinder (Seite 168)

Fondue mit dunkler und weißer Schokolade (Seite 161)

Karamell-Fondue (Seite 180)

Hawaiianisches Fondue

4 bis 6 Portionen

115 g Butter
225 g brauner Zucker
150 ml Ananassaft
2 EL Rum

¼ TL Muskatnuss, gerieben
6 EL Kokosnussraspeln, geröstet
2 EL Ingwer, gehackt und kandiert

1. Die Butter in einem Topf bei mittlerer Hitze schmelzen lassen. Den Zucker, den Ananassaft und den Rum hinzufügen und unter ständigem Rühren erhitzen, bis der Zucker aufgelöst ist. Die Hitze erhöhen, das Ganze aufkochen und unter gelegentlichem Umrühren etwa fünf Minuten köcheln lassen.

2. Den Topf vom Herd nehmen und die geriebene Muskatnuss einrühren. In den Fonduetopf umfüllen und das Teelicht anzünden. Die Kokosraspeln und den Ingwer einrühren.

3. Die Zutaten auf Fonduegabeln spießen und in das Fondue tauchen.

Vorbereitung
Gehen Sie entsprechend der Anweisungen in Schritt 1 und 2 vor. Lassen Sie das Fondue abkühlen und stellen Sie es in den Kühlschrank. Erhitzen Sie es vor dem Umfüllen bei geringer Hitze in der Mikrowelle (etwa ein bis zwei Minuten) oder auf dem Herd.

Schneiden Sie die Früchte (außer den Bananen) und die anderen Zutaten klein.

Servieren mit …
… Ananasstücken, Mango- und Bananenscheiben, Schokoladen-Karamellbonbons.

Limetten-Fondue

4 bis 6 Portionen

300 ml gezuckerte Kondensmilch
12 Limetten, nur die abgeriebene Schale
125 ml Limettensaft, frisch gepresst

1 Prise Salz
½ TL Vanillepulver
2 Eigelb

1. Die Kondensmilch und den Limettensaft in einen mittelgroßen Topf geben. Nach und nach 75 ml Wasser, die Limettenschalen und das Salz hinzufügen und bei geringer Hitze erwärmen. Das Vanillepulver einrühren.

2. Das Eigelb in einer Schüssel verquirlen. 75 ml der Limettenmischung hinzugeben und verrühren. Alles in den Topf mit der restlichen Limettenmischung geben und bei geringer Hitze rühren, bis alle Zutaten vermischt sind. In den Fonduetopf umfüllen und das Teelicht anzünden.

3. Die Zutaten auf Fonduegabeln spießen und ins Fondue tauchen.

Vorbereitung
Schneiden Sie die Früchte (außer den Bananen) und die anderen Zutaten klein.

Servieren mit …
… Bananen- und Kiwischeiben, Erdbeeren, Himbeeren, Löffelbiskuit, Butterkeksen, Tassenkuchen, Vollkornkeksen, Marshmallows.

Köstliches Zitronen-Fondue

4 bis 6 Portionen

175 ml fettarme Kondensmilch

115 g Zucker

2 ½ EL Speisestärke

1 Zitrone, nur die abgeriebene Schale und den Saft

1 Prise Salz

2 Eigelb

1. 175 ml Wasser und die Kondensmilch im Topf bei mittlerer Hitze erwärmen. Die Hitze reduzieren, den Zucker und die Stärke einrühren, bis alles aufgelöst und die Sauce eingedickt ist. Die Zitronenschale, den -saft und das Salz hinzufügen und verrühren.

2. Das Eigelb verquirlen. Mit etwa 75 ml der Zitronenmischung verrühren. Das Ganze anschließend in die restliche Zitronenmischung im Topf geben. Aufkochen und rühren, bis alle Zutaten vermischt sind. In den Fonduetopf umfüllen und das Teelicht anzünden. Die Früchte und das Gebäck auf Fonduegabeln spießen und in das Fondue tauchen.

Tipp

Wenn Sie anstelle der Kondensmilch frische Vollmilch verwenden, wird der Geschmack intensiver.

Vorbereitung

Schneiden Sie die Früchte (außer den Bananen) und die anderen Zutaten klein.

Servieren mit …

… Honigmelonen-Würfeln oder -Bällchen, Mango- und Bananenscheiben, Heidelbeeren, Erdbeeren, Kirschen, Butterkeksen, Cantuccini.

Orangen-Pfirsich-Fondue

4 bis 6 Portionen

125 ml Pfirsichsaft (s. u.)

½ TL Orangenabrieb

6 EL Orangensaft, frisch gepresst

55 g brauner Zucker

1 EL Speisestärke

2 ganze Pfirsiche aus der Dose, püriert

1 EL Grand Marnier

2 ganze Nelken (optional)

1 Zimtstange

1. 50 ml Wasser, den Pfirsichsaft, den Orangenabrieb und den -saft, den Zucker und die Stärke in einem Topf unter ständigem Rühren aufkochen. Die Hitze reduzieren, die Nelken und die Zimtstange hinzufügen und etwa fünf Minuten köcheln lassen.

2. Den Topf vom Herd nehmen und die Nelken und die Zimtstange entfernen. Die pürierten Pfirsiche und den Grand Marnier einrühren. In den Fonduetopf umfüllen und das Teelicht anzünden. Die Zutaten auf Fonduegabeln spießen und in das Fondue tauchen.

Tipp

Sie können auch Pfirsichlikör statt Grand Marnier verwenden, falls Sie ein intensiveres Pfirsicharoma mögen.

Vorbereitung

Schneiden Sie die Früchte (außer den Bananen) und die anderen Zutaten klein.

Servieren mit …

… Datteln, Bananenscheiben, Ananasstücken, Löffelbiskuit, Bananenbrot – oder über Eiscreme.

Schnelles Marmeladen-Fondue

4 bis 6 Portionen

140 g Himbeermarmelade, ohne Kerne
2 EL Mehl
2 EL Kirschwasser

¼ TL Limettenabrieb
1 EL Limettensaft, frisch gepresst

1. 50 Milliliter Wasser und die Marmelade in einem Topf bei mittlerer Hitze aufkochen. Die Hitze reduzieren und etwa fünf Minuten leise köcheln lassen (das Ganze darf nicht anbrennen). Nach und nach das Mehl einrühren und unter ständigem Rühren weitere fünf Minuten köcheln lassen, bis die gewünschte Konsistenz erreicht ist.

2. Den Topf vom Herd nehmen und das Kirschwasser, den Limettenabrieb und den Limettensaft einrühren. In den Fonduetopf umfüllen und das Teelicht anzünden. Die Zutaten auf Fonduegabeln spießen und in das Fondue tauchen.

Dieses Fondue ist zwar ein Dessert-Fondue, Sie können es aber auch mit Brot servieren (wie bei einem Käsefondue).

Tipp
Durch die Verwendung einer anderen Marmelade oder eines anderen Gelees können Sie mit den Geschmacksrichtungen variieren. Achten Sie allerdings darauf, dass keine Kerne enthalten sind.

Servieren mit …
… Löffelbiskuit, Butterkeksen, Vanillebiskuit, Scones, Nüssen.

Himbeer-Fondue

4 bis 6 Portionen

425 g tiefgekühlte Himbeeren, aufgetaut
2 EL Speisestärke

250 ml Himbeersirup

1. Die Himbeeren in einem Sieb abtropfen lassen. Die Stärke in zwei Esslöffeln Wasser in einer Schüssel auflösen.

2. Den Sirup in einem Topf bei mittlerer Hitze erwärmen. Die aufgelöste Speisestärke unterrühren und weitere zwei Minuten erhitzen, bis das Ganze dickflüssig wird.

3. Den Topf vom Herd nehmen und die Himbeeren einrühren. In den Fonduetopf umfüllen und das Teelicht anzünden.

4. Das Gebäck auf Fonduegabeln spießen und in das Fondue tauchen.

Tipp
Ersetzen Sie z. B. die Himbeeren durch tiefgekühlte Erdbeeren (oder gemischte Beeren) mit Saft.

Das Aroma wird intensiver, wenn Sie kurz vor dem Servieren etwa 100 Gramm frische Beeren in das Fondue geben.

Pürieren Sie die Hälfte der Himbeeren, damit das Fondue eine luftigere Konsistenz erhält.

Servieren mit …
… Schokoladen-Muffins, Löffelbiskuit, Butterkeksen, Scones.

Karamell-Fondue

225 g Zucker	250 ml Milch
1 EL Speisestärke	2 Eigelb, verquirlt
1 EL Rum	½ TL Vanillepulver

Vorbereitung

Schneiden Sie die Früchte (außer den Bananen) und die anderen Zutaten klein. Besprenkeln Sie die Apfelspalten mit etwas Zitronensaft.

Servieren mit …

… Löffelbiskuit, Schokoladen-Muffins, Apfel- und Nektarinenspalten, Marshmallows.

1. Den Zucker in einer schweren Pfanne bei mittlerer Hitze etwa fünf bis zehn Minuten schmelzen lassen, unter zunächst gelegentlichem, dann ständigem Rühren, bis der Zucker flüssig ist und braun wird. Währenddessen die Speisestärke und den Rum in einer Schüssel verrühren.

2. Im Wasserbad die Milch, das Eigelb und die Stärke-Rum-Mischung erhitzen (das Wasser darf nicht kochen) und etwa drei bis fünf Minuten rühren, bis eine cremige Masse entsteht.

3. 50 Milliliter Wasser zum Kochen bringen. Die Pfanne mit dem karamellisierten Zucker vom Herd nehmen und das kochende Wasser vorsichtig einrühren. (Die Mischung wird Blasen werfen und spritzen.) Das Ganze sofort in die warme Milch im Wasserbad geben. Der Zucker wird zunächst wieder hart werden. 20 Minuten bei geringer Hitze rühren, bis alles geschmolzen ist. Vom Herd nehmen und das Vanillepulver einrühren. In den Fonduetopf umfüllen und das Teelicht anzünden.

4. Die Früchte und das Gebäck auf Fonduegabeln spießen und in das Fondue tauchen.

Dips und Saucen

Blauschimmelkäse-Dip

50 ml Sauerrahm

3 EL Mayonnaise

125 g Roquefort, zerkrümelt

½ TL Estragon, getrocknet

¼ TL Hot-Pepper-Sauce (optional)

Den Sauerrahm, die Mayonnaise und den Roquefort in einer Schüssel vermischen. Den Estragon und die Hot-Pepper-Sauce (optional) unterrühren und das Ganze bis zum Servieren zugedeckt in den Kühlschrank stellen.

Honig-Dill-Dip

150 ml Mayonnaise

75 ml Honig

½ TL Dill, getrocknet

Die Zutaten in eine Schüssel geben und gut vermischen. Bis zum Servieren zugedeckt im Kühlschrank verwahren.

Meerrettich-Dip

30 g Tafel-Meerrettich

50 ml Mayonnaise

50 ml Sauerrahm

1 EL Zitronensaft, frisch gepresst

¾ TL Zucker

Den Meerrettich, die Mayonnaise, den Sauerrahm, den Zitronensaft und den Zucker in einer Schüssel vermischen. Über Nacht zugedeckt in den Kühlschrank stellen und rechtzeitig vor dem Servieren wieder herausnehmen, damit der Dip Raumtemperatur annehmen kann.

Zitronen-Dill-Dip

175 ml Naturjoghurt

3 EL Dill, gehackt

1 EL Zitronenabrieb

½ TL Zitronenpfeffer

¼ TL Salz

Den Joghurt, den Dill, den Zitronenabrieb, den Zitronenpfeffer und das Salz in einer Schüssel vermischen und zugedeckt mindestens eine Stunde in den Kühlschrank stellen.

Joghurt-Dip mit Minze

Ergibt 175 ml

175 ml fettarmer Naturjoghurt

2 EL Salatgurke, gehackt

1 Knoblauchzehe, gehackt

4 TL Minze, gehackt

Salz und frisch gemahlener schwarzer Pfeffer nach Geschmack

1. Den Joghurt in einem feinen Sieb oder einem Seihtuch etwa 15 Minuten abtropfen lassen. Die Flüssigkeit anschließend wegschütten. Die gehackte Gurke ebenfalls in ein Sieb geben und etwa zehn Minuten abtropfen lassen.

2. Den Joghurt, die Gurke, den Knoblauch und die Minze in eine Schüssel geben und verrühren. Mit Salz und Pfeffer abschmecken. Zugedeckt mindestens 30 Minuten im Kühlschrank ziehen lassen.

Dip mit gerösteter roter Paprika

Ergibt 175 ml

2 rote Paprikaschoten, geröstet, geschält, entkernt und klein gehackt

1 Knoblauchzehe, gehackt

125 ml Naturjoghurt

125 ml Sauerrahm

1 Bund Petersilie, gehackt

2 EL Basilikum, gehackt

1 EL Oregano, gehackt

1 ½ EL Zitronensaft, frisch gepresst

¾ TL Hot-Pepper-Sauce

Die Paprika, den Knoblauch, den Joghurt, den Sauerrahm, die Petersilie, das Basilikum, den Oregano, den Zitronensaft und die Hot-Pepper-Sauce in einer Schüssel verrühren und zugedeckt in den Kühlschrank stellen. Eine halbe Stunde vor dem Servieren herausnehmen, damit der Dip Raumtemperatur annehmen kann.

Süßer-Senf-Dip

Ergibt 50 ml

4 EL Senfpulver

3–4 EL brauner Zucker

Das Senfpulver mit vier Esslöffeln kaltem Wasser in einer Schüssel verquirlen, bis die Konsistenz cremig wird. Drei Esslöffel Zucker (nach Geschmack auch mehr) einrühren und das Ganze in den Kühlschrank stellen. Eine halbe Stunde vor dem Servieren herausnehmen, damit der Dip Raumtemperatur annehmen kann.

Süßer Thai-Dip

55 g Zucker

1 Bund Koriander, gehackt

2 EL Chili-Knoblauch-Sauce

2 EL Limettensaft, frisch gepresst

2 TL Fischsauce

Den Zucker in 90 Millilitern Wasser in einer Schüssel verrühren, bis er vollständig aufgelöst ist. Den Koriander, die Chili-Knoblauch-Sauce, den Limettensaft und die Fischsauce einrühren. Den Dip mindestens eine halbe Stunde zugedeckt im Kühlschrank ziehen lassen. Eine halbe Stunde vor dem Servieren herausnehmen, damit der Dip Raumtemperatur annehmen kann.

Hummus

2 Knoblauchzehen

1 Dose (etwa 500 g) Kichererbsen, gewaschen und abgetropft

3 EL Tahina-Paste (Sesammus)

Saft einer Zitrone

3 EL Olivenöl

½ TL Kreuzkümmelsamen

Salz und frisch gemahlener schwarzer Pfeffer nach Geschmack

Den Knoblauch im Mixer zerkleinern. Die Kichererbsen, die Tahina-Paste und den Zitronensaft hinzufügen und pürieren. Währenddessen nach und nach das Olivenöl tröpfchenweise hinzugeben. Die Kreuzkümmelsamen, etwas Salz und Pfeffer einstreuen und das Ganze zu einer geschmeidigen Paste pürieren. Über Nacht zugedeckt im Kühlschrank ziehen lassen. Etwa eine halbe Stunde vor dem Servieren herausnehmen, damit die Paste Raumtemperatur annehmen kann.

Gremolata

2 Knoblauchzehen, gehackt

1 Bund Petersilie, gehackt

1 EL Zitronenabrieb

Den Knoblauch, die Petersilie und den Zitronenabrieb in eine Schüssel geben und gut vermischen. Bis zum Servieren zugedeckt in den Kühlschrank stellen.

Tzatziki

Ergibt 375 ml

250 ml Naturjoghurt

2 Knoblauchzehen, gehackt

½ Salatgurke, geschält und in Würfel geschnitten

2 EL Zitronensaft, frisch gepresst

1 EL Dill, gehackt

Salz und frisch gemahlener schwarzer Pfeffer nach Geschmack

1. Den Joghurt in einem feinen Sieb oder Seihtuch über Nacht abtropfen lassen. Die Flüssigkeit wegschütten.

2. Den abgetropften Joghurt, den Knoblauch, die Gurke, den Zitronen-saft, den Dill und etwas Salz und Pfeffer in einer Schüssel vermischen. Das Ganze zugedeckt mindestens eine Stunde bzw. bis zu einen Tag im Kühlschrank ziehen lassen.

Salsa Verde

Ergibt 250 ml

2 Knoblauchzehen

2 Bund Koriander, gehackt

1 Bund Petersilie, gehackt

3 EL Olivenöl

1 TL Limettenabrieb

1 EL Limettensaft, frisch gepresst

1 EL Jalapeños, entkernt und fein gehackt

1 EL Frühlingszwiebeln (nur der weiße Teil), gehackt

1 Prise Salz

Den Knoblauch, den Koriander, die Petersilie, das Öl, den Limettenabrieb, den Limettensaft, die Jalapeños, die Frühlingszwiebeln und das Salz im Mixer pürieren. Zugedeckt mindestens zwei Stunden im Kühlschrank ziehen lassen.

Koriander-Coulis

Ergibt 125 ml

1 Knoblauchzehe

2 Bund Koriander, gehackt

2 EL rote Zwiebeln, grob gehackt

1 EL Zucker

2 TL Jalapeños, entkernt und gehackt

¾ TL Kreuzkümmel, gemahlen

Saft einer Limette

Den Knoblauch im Mixer zerkleinern. Den Koriander, die Zwiebeln, den Zucker, die Jalapeños, den Kreuzkümmel und den Limettensaft hinzugeben und kurz pürieren, sodass die Paste eine grobe Konsistenz behält. Bis zum Servieren zugedeckt im Kühlschrank aufbewahren.

Mango-Salsa

1 große Mango, geschält und klein geschnitten

1 Knoblauchzehe, fein gehackt

1 Jalapeño, entkernt und fein gehackt

1 Bund Koriander, fein gehackt

1 große Zwiebel, fein gehackt

2 EL Limettensaft, frisch gepresst

2 EL Olivenöl

Salz und frisch gemahlener schwarzer Pfeffer nach Geschmack

Die Mango, den Knoblauch, die Jalapeño, den Koriander, die Zwiebel, den Limettensaft, etwas Salz und Pfeffer in eine Schüssel geben und gut vermischen. Zugedeckt über Nacht im Kühlschrank ziehen lassen. Eine halbe Stunde vor dem Servieren aus dem Kühlschrank nehmen und Raumtemperatur annehmen lassen.

Würzige Sesam-Mayonnaise

50 ml Mayonnaise

1 EL Essig

1 TL Zucker

1 Knoblauchzehe, gehackt

2 EL Ingwer, kandiert und gehackt

1 EL Sesamsamen, geröstet

Die Mayonnaise, den Essig und den Zucker in eine Schüssel geben und gut vermischen. Den Knoblauch, den Ingwer und die Sesamsamen hinzufügen und ebenfalls gut vermischen. Vor dem Servieren mindestens eine halbe Stunde zugedeckt im Kühlschrank ziehen lassen.

Cocktail-Sauce

1 Knoblauchzehe

75 ml Chili-Sauce

3 EL Weißweinessig

1 ½ EL Tafel-Meerrettich

1 EL Zucker

Den Knoblauch im Mixer zerkleinern. Anschließend die Chili-Sauce, den Essig, den Meerrettich und den Zucker hinzufügen und so lange pürieren, bis eine geschmeidige Masse entsteht. Bis zum Servieren zugedeckt im Kühlschrank aufbewahren.

Würzige Mayonnaise

Ergibt 250 ml

250 ml Mayonnaise
1 TL Paprikapulver

¼ TL Cayennepfeffer

Alle Zutaten in eine Schüssel geben und gründlich verrühren. Bis zum Servieren zugedeckt im Kühlschrank aufbewahren.

Dijonnaise (Senf-Mayonnaise)

Ergibt 175 ml

150 ml Sauerrahm
2 EL Mayonnaise

1 EL Dijon-Senf

Den Sauerrahm, die Mayonnaise und den Senf in eine Schüssel geben und gut verrühren. Vor dem Servieren mindestens eine Stunde zugedeckt im Kühlschrank ziehen lassen.

Honig-Senf-Dip

Ergibt 100 ml

50 ml Honig
50 ml Dijon-Senf

Salz und frisch gemahlener schwarzer Pfeffer nach Geschmack

Den Honig und den Senf in einer Schüssel verrühren und mit Salz und Pfeffer abschmecken. Zugedeckt in den Kühlschrank stellen. Etwa eine halbe Stunde vor dem Servieren aus dem Kühlschrank nehmen, damit der Dip Raumtemperatur annehmen kann (oder kurz in der Mikrowelle bei niedriger Einstellung anwärmen).

Schnelle Aïoli

Ergibt 250 ml

2 Knoblauchzehen, gehackt
250 ml Mayonnaise

1 Prise grobes Salz

Den Knoblauch, die Mayonnaise und das Salz in eine Schüssel geben und gut vermischen. Bis zum Servieren zugedeckt im Kühlschrank aufbewahren.

Ergibt 125 ml

Aïoli mit roter Paprika

1 Knoblauchzehe

1 rote Paprika, geröstet (siehe Tipp, Seite 38), geschält, entkernt und geviertelt

2 EL Petersilie, gehackt

1 EL Olivenöl

1 TL Zitronensaft, frisch gepresst

4 Tropfen Hot-Pepper-Sauce mit Chipotle-Chilis

Salz und frisch gemahlener schwarzer Pfeffer nach Geschmack

Den Knoblauch im Mixer zerkleinern. Anschließend die Paprika, die Petersilie, das Olivenöl, den Zitronensaft, die Hot-Pepper-Sauce, etwas Salz und Pfeffer hinzufügen und pürieren. Zugedeckt im Kühlschrank ziehen lassen. Etwa eine halbe Stunde vor dem Servieren herausnehmen, damit die Aïoli Raumtemperatur annehmen kann.

Ergibt etwa 200 ml

Zitronen-Sauce

75 ml Hühnerbrühe (fertig gekauft oder frisch zubereitet, siehe Seite 101)

1 ½ EL Speisestärke

125 ml Zitronensaft, frisch gepresst

2 EL milde Sojasauce

1 TL Sesamöl

1. Die Hühnerbrühe in eine Schüssel geben und mit der Speisestärke verrühren, bis diese vollständig aufgelöst ist. Den Zitronensaft und die Sojasauce hinzugeben. Das Ganze in einem Topf bei mittlerer Hitze erwärmen. Dabei kontinuierlich rühren, bis die Sauce dickflüssig wird. Das Sesamöl einrühren, den Topf vom Herd nehmen und die Sauce abkühlen lassen.

2. Bis zum Servieren zugedeckt in den Kühlschrank stellen. Zum Aufwärmen etwa eine Minute bei niedriger Einstellung in die Mikrowelle geben.

Ergibt 125 ml

Wasabi-Mayonnaise

125 ml Mayonnaise

1 EL Wasabi-Pulver

Die Mayonnaise und das Wasabi-Pulver in einer Schüssel vermischen. Anschließend zugedeckt mindestens eine Stunde im Kühlschrank ziehen lassen. Etwa eine halbe Stunde vor dem Servieren herausnehmen, damit die Mayonnaise Raumtemperatur annehmen kann.

Süß-saure Sauce

Ergibt 250 ml

1 EL Speisestärke

125 ml Ketchup

125 ml Essig

75 g brauner Zucker

1. Die Speisestärke in zwei Esslöffeln Wasser in einer Schüssel verrühren, bis sie vollständig aufgelöst ist.

2. Den Ketchup, den Essig und den Zucker in einem Topf verrühren und bei mittlerer Hitze aufkochen. Die aufgelöste Stärke hinzufügen und so lange rühren, bis die Sauce dickflüssig wird. Sollte die Sauce zu zähflüssig geraten, etwas Wasser hinzufügen, bis die Sauce die gewünschte Konsistenz erreicht hat. Den Topf vom Herd nehmen und abkühlen lassen. Bis zum Servieren zugedeckt in den Kühlschrank stellen und zum Aufwärmen bei niedriger Einstellung kurz in die Mikrowelle geben.

Tonkatsu-Sauce

Ergibt 125 ml

50 ml Ketchup

1 ½ EL Sojasauce

1 ½ EL Reisessig

1 EL Worcestershire-Sauce

1 EL Zucker

¼ TL Ingwer, gerieben

¼ TL Knoblauchpulver

Den Ketchup, die Sojasauce, den Essig, die Worcestershire-Sauce, den Zucker, den Ingwer und das Knoblauchpulver in eine Schüssel geben und gut vermischen. Bis zum Servieren zugedeckt im Kühlschrank aufbewahren.

Asiatischer Saucen-Dip

Ergibt 150 ml

100 ml Sojasauce

2 EL Sake

1 ½ EL Zucker

1 EL Fischsauce

1 EL Limettensaft, frisch gepresst

1 EL Reisessig

1 EL Sesamöl

Die Sojasauce, den Sake, den Zucker, die Fischsauce, den Limettensaft, den Reisessig und das Sesamöl in einer Schüssel vermischen. Bis zum Servieren zugedeckt im Kühlschrank aufbewahren.

Saucen-Dip à la Mongolischer Feuertopf

2 Knoblauchzehen, gehackt

175 ml Sojasauce

3 EL Reisessig

2 EL Sesamöl

1 EL trockener Sherry

2 TL Sake

2 TL Chili-Knoblauch-Sauce

Den Knoblauch, die Sojasauce, den Essig, das Sesamöl, den Sherry, den Sake und die Chili-Knoblauch-Sauce in einer Schüssel vermischen. Bis zum Servieren zugedeckt im Kühlschrank aufbewahren.

Thailändische Erdnuss-Sauce

2 Knoblauchzehen, gehackt

50 ml Honig

2 EL Reisessig

2 EL feine Erdnussbutter

2 EL Sojasauce

2 EL Pflanzenöl

1 EL Sesamöl

2 TL Ingwer, gehackt

½ TL Chiliflocken

Den Knoblauch, den Honig, den Essig, die Erdnussbutter, die Sojasauce, das Pflanzenöl, das Sesamöl, den Ingwer und die Chiliflocken in einer Schüssel vermischen. Bis zum Servieren zugedeckt im Kühlschrank aufbewahren.

Tomaten-Curry-Sauce

1 Dose (400 g) gehackte Tomaten, mit Saft

1 EL Tomatenmark

2 TL Mehl

1 TL brauner Zucker

1 TL Kreuzkümmel, gemahlen

¾ TL Kurkuma, gemahlen

½ TL Senfpulver

½ TL Ingwer, gerieben

¼ TL Cayennepfeffer

50 Milliliter Wasser, die Tomaten und den Saft aus der Dose, das Tomatenmark, das Mehl, den Zucker, den Kreuzkümmel, die Kurkuma, das Senfpulver, den Ingwer und den Cayennepfeffer in einem Topf bei mittlerer Hitze aufkochen. Die Hitze reduzieren und unter gelegentlichem Umrühren 30 Minuten leise köcheln lassen. Den Topf vom Herd nehmen, abkühlen lassen und zugedeckt in den Kühlschrank stellen. Vor dem Servieren kurz aufwärmen.

Süßer Thai-Dip (Seite 184)

Köstliches Zitronen-Fondue (Seite 178)

Orangen-Pfirsich-Fondue (Seite 178)

Himbeer-Fondue (Seite 179)

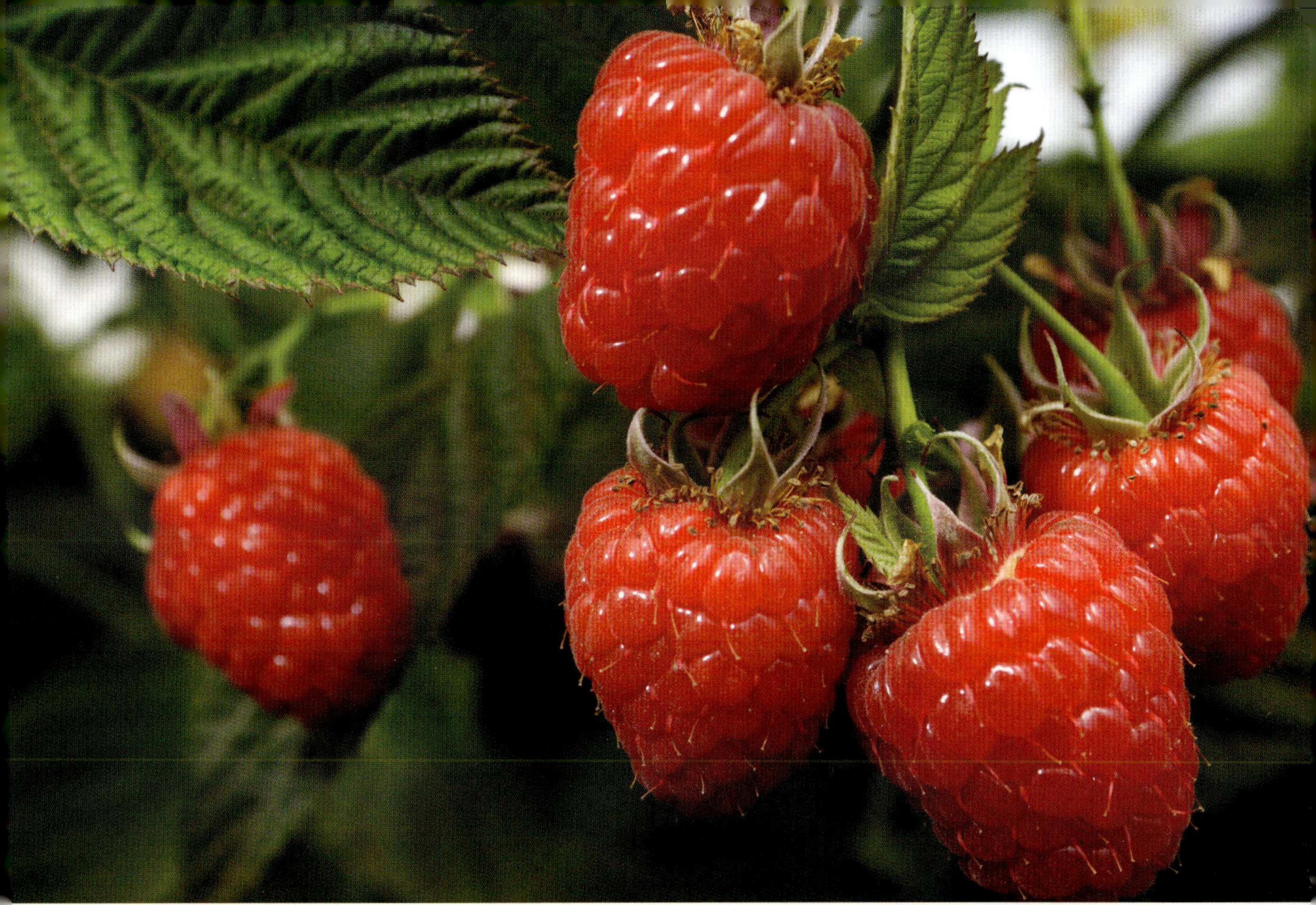
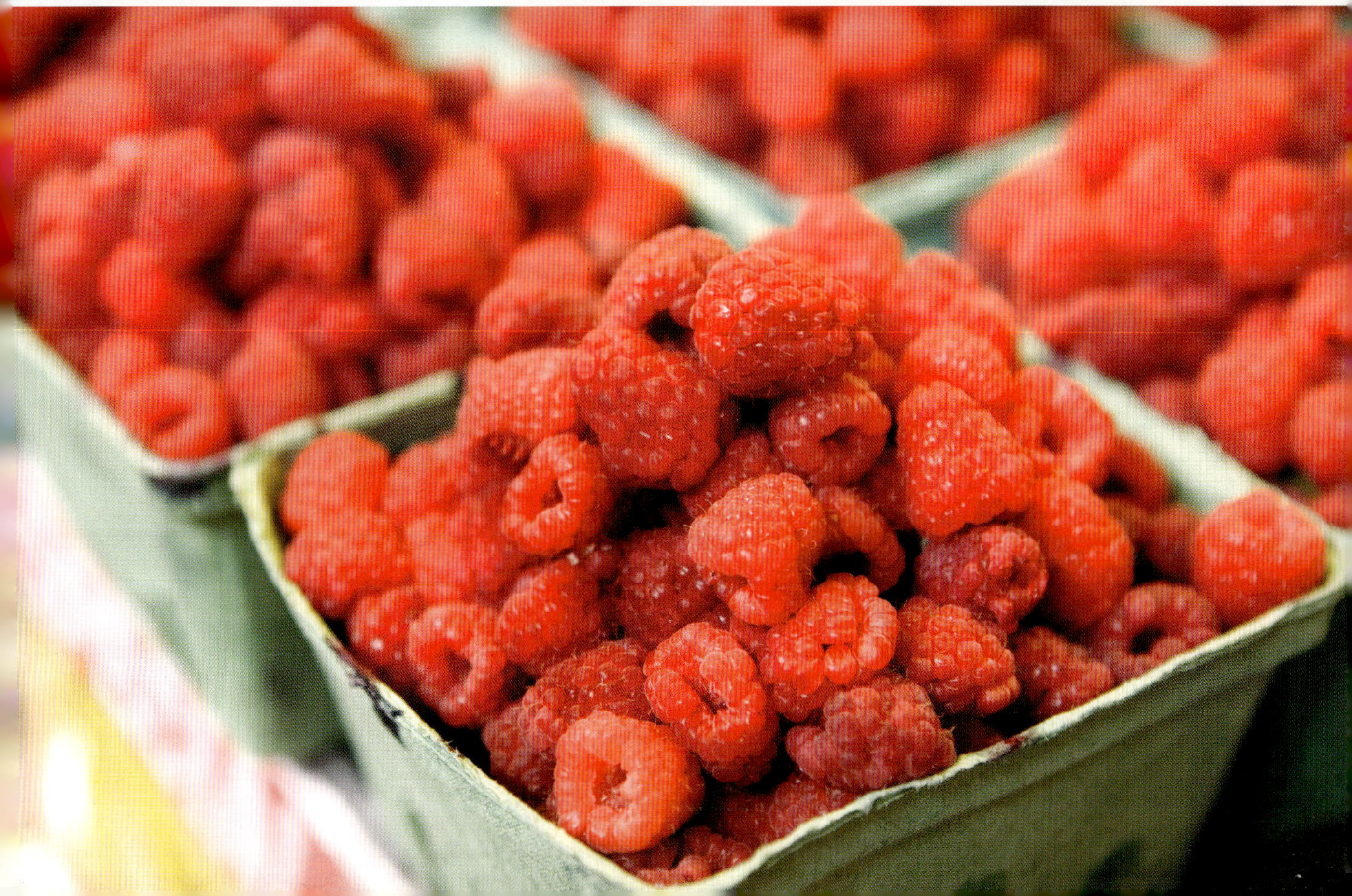

Tzatziki (Seite 185)